SOCIÉTÉ LIBRE D'AGRICULTURE, SCIENCES, ARTS ET BELLES-LETTRES
DU DÉPARTEMENT DE L'EURE

LE DÉPARTEMENT
DE L'EURE

À L'EXPOSITION NATIONALE DE ROUEN
DE 1896

PAR

CHARLES FORTIER

Président de la Société libre d'Agriculture de l'Eure

ÉVREUX
IMPRIMERIE DE CHARLES HÉRISSEY
—
1897

LE

DÉPARTEMENT DE L'EURE

A L'EXPOSITION NATIONALE DE ROUEN

DE 1896

SOCIÉTÉ LIBRE D'AGRICULTURE, SCIENCES, ARTS ET BELLES-LETTRES
DU DÉPARTEMENT DE L'EURE

LE DÉPARTEMENT

DE L'EURE

A L'EXPOSITION NATIONALE DE ROUEN

DE 1896

PAR

CHARLES FORTIER

Président de la Société libre d'Agriculture de l'Eure

ÉVREUX

IMPRIMERIE DE CHARLES HÉRISSEY

—

1897

LE

DÉPARTEMENT DE L'EURE

A L'EXPOSITION DE ROUEN

Le département de l'Eure ne pouvait manquer d'entendre l'appel que l'Exposition de Rouen adressait à toutes les industries françaises, et une cinquantaine de nos indutriels, toujours au courant et au niveau du progrès, et toujours prêts à la lutte, y ont répondu. Notre département a donc été représenté là, d'une façon très convenable sous le rapport de la quantité, et très distinguée sous celui de la qualité.

En dehors des industriels proprement dits, on y rencontrait en assez grand nombre les expositions des instituteurs des écoles primaires répandues dans nos campagnes. Elles figuraient dans les galeries consacrées à l'enseignement primaire.

Industrie bien spéciale que celle qui consiste à façonner des enfants pour en faire des hommes et des citoyens. Les instituteurs qui en sont chargés s'y appliquent, en général, avec conscience et scrupule, car ils sentent que leur œuvre est tout ensemble bien délicate et bien considérable. Le traitement des esprits demande tant de sagacités et tant de soins!

1

Nous disons le traitement des esprits, et non pas des âmes, car les âmes, il y a gros à parier qu'on ne s'en occupe guère. Les programmes ne le proscrivent pas, et même leur silence pourrait bien signifier qu'ils l'interdisent. Ils parlent bien d'un cours de morale, mais c'est un cours de morale civique qu'ils veulent dire. Or, la morale civique n'est qu'une partie de la morale, et la pire, car c'est celle qui confine à la politique où il n'y a pas de morale du tout. Quant au reste, qui est toute la partie où l'on apprend ce qu'il faut penser et faire pour être un parfait honnête homme, c'est une autre affaire, et l'idéal n'en est pas bien relevé. Par exemple, on n'apprend pas aux enfants que la gourmandise est un péché mortel; ça, c'est défendu. On leur apprend seulement que l'ivrognerie est un délit, ce qui permet de mettre la conscience en sûreté en trinquant avec le gendarme.

Rien n'est plus mortel pourtant : mortel pour la génération présente, et mortel pour les générations qui naîtront d'elle. Les statistiques de l'alcool portent un témoignage effroyable contre notre malheureuse Normandie. Elles disent qu'elle en consomme des quantités énormes; qu'elle en boit non plus par petits verres, mais par écuelles. Elles disent qu'elle en verse à ses femmes comme aux hommes. Elles disent qu'elle en donne à ses enfants dès tout petits, et qu'elle en met jusque dans le lait des biberons ! — A cette allure la vie court vite et ne va pas loin : le temps d'être misérable, douloureuse et vile, et ça ne traîne pas.

Et ils se plaignent que l'agriculture souffre ! Parbleu !... Avec de telles mœurs. Ont-ils donc cru que l'agriculture et la godaille iraient longtemps de compagnie ? Eh bien ! qu'ils se détrompent. La vérité est que ceci tuera cela, s'ils n'y mettent ordre. — Oh! ils vont chercher bien loin, en Amérique, en Australie, où encore ?... les causes de leur mal. Vous allez trop loin, bonnes gens, pour les voir toutes. Regardez dans vos verres, il y en a une, et la pire. En même temps que toute votre intelligence et tout votre savoir, la culture exige tout votre bon sens et toute votre raison, et vos sillons ne seront féconds qu'à la condition d'être tracés droit. Supprimez donc cette cause, et l'agriculture s'en trouvera tout de suite mieux. Mais si vous la main- tenez, toutes les autres eussent-elles disparu, votre ruine est certaine.

Ainsi votre dignité, votre honneur, votre vie, votre race, votre métier, tout va s'effondrer dans l'ignominie, si vous n'y prenez garde. Au nom de vous-mêmes, hâtez-vous de faire faire faillite à vos mastroquets; votre salut est à ce prix.

Hors de là, nos populations ne sont point mauvaises. Elles sont certainement meilleures qu'on ne les fait et qu'elles ne devraient être après avoir passé par une pédagogie aussi incomplète et aussi mutilée. Est-ce donc que la pédagogie n'est pas aussi indispensable, et n'a pas autant de vertus qu'on pourrait croire à l'éta- lage qu'on en fait, puisqu'on peut arriver à bien sans elle ? Ou ne serait-ce pas plutôt que le vieux sang nor- mand était sain, et que nos enfants naissent encore bons ?

Quoi qu'il en soit, les instituteurs prennent au sérieux ce qu'on leur laisse de leur tâche d'éducateurs, et ils s'ingénient laborieusement pour faire entrer dans les jeunes cervelles de leurs écoliers les matières de leur enseignement.

Ces matières ont naturellement pour objet l'agriculture, ou en sont voisines. Avec l'agriculture proprement dite, c'est l'horticulture, quelques notions de chimie, les engrais, quelques notions d'histoire naturelle, l'étude des insectes utiles ou nuisibles, etc. Puis l'orthographe, la grammaire, un peu d'arithmétique, un peu de comptabilité, un peu de dessin, etc. De tout un peu.

Les objets que les maîtres peuvent envoyer à une exposition n'exerceront jamais une grande séduction sur les visiteurs distraits. Ils feront toujours partie, au contraire, de la catégorie des choses sérieuses qui demandent à être, non pas vues, mais étudiées. Le premier coup d'œil qu'on jette sur elles laisse indifférent. Mais le second intéresse et le troisième attache. C'est que là est l'origine et le commencement de tout le génie de notre nation. *Principium et fons.* Et comme on aime à visiter la source et le premier flot d'un fleuve qui doit devenir un grand fleuve, de même on se plaît à examiner ces feuilles naïves d'écriture et de dessin, ces premiers essais et ces premiers travaux d'une génération qui sera plus tard intelligente, industrieuse, inventive, destinée à réaliser des progrès auxquels nous ne sommes pas encore parvenus, et des raffinements dont nous n'avons pas encore même l'idée.

Les produits exposables d'un instituteur, ce ne peut être, et ce n'est en effet que des travaux d'élèves, et parfois des travaux du maître lui-même. La visite de leur vitrine ne saurait être captivante, et le récit court grand risque d'être fastidieux. Néanmoins nous voulons les passer tous en revue, et, quoiqu'ils soient nombreux, les nommer tous, n'eussions-nous que leur nom à dire, parce que leur nombre même renferme une moralité, et témoigne de la conscience, de la conviction et du bon vouloir qui anime tout ce monde si honnête, si scrupuleux et si méritant de nos instituteurs de campagne.

ENSEIGNEMENT PRIMAIRE

MM. Ablin, instituteur à Alizay,
      Beaucousin, instituteur à Verneuil,
ont exposé des cahiers de roulement, des devoirs journaliers d'élèves.

M. Avenel, instituteur à Bernay, a exposé aussi des cahiers de roulement et des devoirs journaliers d'élèves, qui lui ont fait décerner une médaille de bronze. Il a obtenu, en outre, une mention honorable pour travaux personnels, résumés de cours, méthode d'enseignement, etc.

M. Besnier, de l'école de Saint-Ouen-de-Thouberville, a exposé les mêmes objets, et obtenu, lui aussi, pour travaux personnels une mention honorable,

Mêmes objets encore venus de :

MM. Becquet, de l'école de Mainneville ;
      Berruyer, de l'école de Hennezis.

M. Bertaux, instituteur à Combon, a envoyé un mémoire pédagogique sur l'enseignement de l'agriculture dans les écoles primaires, et des procès-verbaux de la Société protectrice des animaux qui lui a décerné pour ses travaux une médaille de bronze.

M. Bocage, instituteur à Heubécourt, figurait avec :

    1° *Un démonstrateur métrique*, pour la numération des mesures de surface et de volume ;

2° *Une collection de solides géométriques, tous ramenés à la capacité du litre ;*

3° *Un carnet de morale ;*

4° *Des cahiers de roulement et de devoirs journaliers.*

Son *démonstrateur métrique* consiste dans un socle ou, si l'on veut, une boîte en zinc d'un mètre carré de surface sur un décimètre de hauteur. Cette boîte est fermée en dessus par un couvercle mobile qui peut s'élever et s'abaisser en glissant entre quatre barreaux verticaux d'un mètre de hauteur et gradués par décimètres. La boîte fermée par son couvercle représente aux enfants le volume d'un hectolitre. Le couvercle, en s'élevant successivement le long des barreaux verticaux, leur met sous les yeux les divers sous-multiples du mètre cube, et, arrivé au sommet, le mètre cube tout entier. De plus M. Bocage a tracé sur le couvercle une table de Pythagore en carrés égaux d'un centimètre carré chacun, montrant physiquement qu'il y a dix mille centimètres carrés dans un mètre carré.

Il est certain que cet appareil vaut mieux que toutes les explications théoriques imaginables. Il fait entrer des choses physiques dans l'esprit par les yeux, et c'est, pour ces choses-là, la meilleure porte et la plus grande ouverte.

Le jury des récompenses a apprécié comme il le devait le mérite des objets exposés, et il a décerné à M. Bocage une médaille d'argent pour ses travaux d'élèves, et une mention honorable pour ses travaux personnels. — Devons-vous dire toute notre pensée? Peut-être qu'une simple mention honorable pour des travaux personnels qui témoignent d'un grand zèle et d'une certaine ingéniosité, ne courait pas le risque d'être une récompense exagérée.

M. Bonamy, instituteur à Villegats, a envoyé *un carnet de morale*, avec un exposé des procédés employés par le maître pour l'enseignement de la morale.

Pour ses travaux personnels et pour sa méthode d'enseignement il lui a été décerné une médaille de bronze.

Trois cahiers de roulement, un pour chaque cours, préparatoire, élémentaire et moyen, constituent l'exposition de M. Bourneville, instituteur de l'école de Bourneville. — Il a obtenu une médaille de bronze.

Ce sont aussi des devoirs d'élèves qui ont été envoyés par :

MM. Campon, de Saint-Cyr-du-Vaudreuil ;
    Caron, de Chambray-sur-Eure ;
    Chanu, des Hogues ;
    Chefdeville, de Berthouville ;
    Cherfy, de Romilly-sur-Andelle.

Ce dernier a obtenu une mention honorable.

M. Choquart, de l'école du Torpt, se présente avec un registre de préparation des classes, indiquant, dans un tableau synoptique, les différentes matières de l'enseignement, et les jours où chacune d'elles revient et doit faire l'objet de la classe. — Il a aussi envoyé deux cahiers de roulement, l'un du cours moyen, l'autre du cours élémentaire.

Il applique, dans son école, une méthode dont il dit qu'il obtient de bons résultats. Elle consiste à faire corriger les devoirs des élèves mutuellement les uns par les autres ; après quoi, la correction du maître intervient, et porte tant sur le travail de l'élève que sur la correction du camarade. Cela tient en éveil, paraît-il, l'amour-propre des élèves, et leur fait faire effort pour échapper aux critiques et aux corrections du camarade.

Nous avons rencontré encore les envois d'objets pareils, cahiers de roulement, devoirs journaliers, dessins, etc.., présentés par :

MM. CORDIER, de l'école de Francheville ;

DELAPLACE, de l'école de Dampmesnil ;

DÉPORTE, de l'école de Drucourt ;

GODEFROY, de l'école de Mezières ;

LANGLOIS, de l'école de Pont-Audemer ;

LANSMANT, de l'école de Bourg-Achard ;

MAIGNANT, de l'école du Fidelaire ;

MINERAY, de l'école de Beaumesnil ;

PICARD, de l'école de Courcelles-sur-Seine.

M. DÉPORTE a obtenu une mention honorable ; M. LANGLOIS, une mention honorable ; M. PICARD, également une mention honorable.

M. DELAMARE, instituteur à l'école de Fleury-sur-Andelle, a envoyé :

1° Une collection d'insectes utiles à l'agriculture, avec notices détaillées sur les services rendus par ces espèces ;

2° Une collection d'insectes nuisibles à l'agriculture, avec notices détaillées sur les dégâts commis par ces espèces ;

3° Une collection d'insectes nuisibles au pommier, avec notices sur leur dégâts. — Il y joint des indications détaillées sur les moyens de prévenir ou de réparer les dégâts, et sur les soins particuliers que comporte la culture du pommier. Il lui a été décerné une médaille d'argent.

M. PAUL DORBEAUX, instituteur au Bosgouet, est frappé de l'utilité qu'il y a à pousser les enfants vers l'agriculture. « Faire pénétrer dans l'esprit des enfants des notions qui leur donnent le goût et l'amour des professions agricoles », telle est la pensée maîtresse qui dirige son enseignement. Aussi, dans son école, l'orthographe, la grammaire, l'arithmétique, les dictées, les rédactions, les problèmes, tout est emprunté à l'agriculture et repose sur l'agriculture. Son exposition n'est composée que de devoirs agricoles. Le jury lui a accordé une médaille de bronze.

M. GIRARD, instituteur à Evreux-Navarro, figure avec un envoi consistant en :

1° Travaux d'élèves :

Cahiers de devoirs journaliers et mensuels ;

Album de dessins divers, ornements au crayon et à la plume, reproduction de plâtres, dessins graphiques, épures, etc. ;

2° Travaux de maître :

Planches pour l'enseignement scientifique ;

Dessins (150 environ) coloriés, représentant des machines et outils divers ;

Un cahier de résumés des leçons de sciences physiques et de sciences naturelles ;

Un cahier contenant les noms scientifiques et les noms vulgaires, les propriétés et l'usage des plantes médicinales de la contrée.

Les planches et dessins représentant les outils et machines que le maître veut faire connaître à ses élèves, sont évidemment des moyens d'enseignement et de démonstration excellents. Sans doute le relief et le mouvement leur manque ; on n'en peut faire le tour, et les modèles réduits des objets eux-mêmes vaudraient mieux. Mais on ne peut pas doter chaque école d'un cabinet de physique ou d'un musée de modèles

et, à leur défaut, les dessins dans une certaine mesure
suppléent. Ils sont quelque chose d'analogue à ce
que les jurisconsultes appelleraient un commencement de
preuve par écrit. Leur utilité est si manifeste et leur
confection si peu coûteuse qu'on pourrait peut-être
pourvoir les écoles d'une collection de ces dessins, au
lieu de laisser aux instituteurs le soin et le travail de
les faire eux-mêmes. — Pour ses travaux d'élèves,
M. GIRARD a obtenu une médaille d'argent, et pour ses
travaux personnels une mention honorable.

M. GODARD, de l'école de Saint-Pierre-du-Vauvray, a
envoyé, comme ses confrères, une collection de devoirs
journaliers et de devoirs mensuels, et des cahiers de
dessins faits par ses élèves. Mais il a envoyé, en outre, un
appareil servant à démontrer à ses élèves la formation
des carrés et des cubes. C'est l'appareil que nous avons
déjà rencontré et décrit dans l'envoi de M. Bocage, de
l'école d'Heubécourt. Pour ses travaux d'élèves il a
obtenu une médaille d'argent.

M. LEROUX, de l'école du Petit-Andely, figure avec :

    1° Un album, grand format, de dessins d'élèves,
        dessins linéaires, dessins d'ornement, de têtes,
        de paysages ;

    2° Une collection de cahiers-albums de dessin et de
        travail manuel.

M. LIVET, instituteur à Bois-Leroi, a continué et tenu
à jour son manuscrit intitulé : *Pédagogie pratique*, qui
renferme aujourd'hui tous les sujets des conférences
pédagogiques données dans le département de l'Eure
de 1882 à 1 . Ce même manuscrit, poussé alors
jusqu'en 188 l'avait envoyé à l'Exposition universelle
de 1889. Il l'a envoyé cette année à celle de Rouen.

Il y a ajouté des cahiers d'agriculture, devoirs d'élèves, roulant tous sur des sujets agricoles.

Ces devoirs étaient fort soignés et réussis, car ils ont fait obtenir au maître une médaille d'or.

M. LIVET, lui aussi, est un fervent de l'agriculture. Il lui emprunte tous les éléments de son enseignement. Grammaire, arithmétique, sciences naturelles, il y rattache tout. A ses leçons théoriques il joint des leçons pratiques. Il mène ses élèves dans le jardin de l'école, et les y fait travailler sous sa direction. Il leur met en main la bêche et l'écussonnoir; il leur apprend à cultiver les légumes, à tailler ou à greffer les arbres. En plus, il les chapitre sur l'agriculture, et la leur fait voir belle. Il les détourne de l'émigration vers les villes et les retient tant qu'il peut aux champs.

« Repeuplez la campagne et dépeuplez la rue »

serait volontiers sa devise.

Pour les travaux d'élèves qu'il avait envoyés, il a obtenu une mention honorable, et une aussi pour ses travaux personnels.

D'autres instituteurs encore ont fait des envois de cahiers et d'albums;

C'est M. MASSÉ, instituteur à Andé, qui a obtenu une médaille de bronze pour ses travaux d'élèves;

C'est MM. ROSSET, de Criquebeuf-la-Campagne;

RICHÉ, de Bézu-Saint-Eloi;

SURGEOT, d'Ecos;

SOLIGNY, de Saint-Marcel;

MAUROUARD, de Perruel;

PETIT, de Sacquenville;

MM. Plantin, instituteur-adjoint à Pont-Audemer;
Picard, de Saint-Aubin-sur-Gaillon.

Ce dernier avait envoyé une carte de la commune de Saint-Aubin-sur-Gaillon, à l'échelle du dix-millième, où étaient marqués les cours d'eau, étangs, mares, les routes et chemins, les hameaux, les châteaux, les maisons isolées, les vergers, vignes, bois, terres labourables. Cette carte était entourée de vingt photographies représentant les choses les plus intéressantes de sa commune, telles que :

La vue panoramique de Saint-Aubin;

Le château de Jeufosse;

La maison habitée par Marmontel, à Habloville;

L'ancien tombeau de Marmontel dans son jardin d'Habloville;

Le tombeau actuel de Marmontel dans le cimetière de Saint-Aubin;

La vue panoramique de Gaillon;

La colonie agricole des Douaires;

Le Château-Gaillard.

Il a obtenu pour ce travail une mention honorable.

M. Palfroy, de Villiers-en-Désœuvre, a envoyé des travaux d'élèves, et on les lui renverra avec une mention honorable.

M. Malhappe, instituteur à Charleval, expose des résumés de leçons d'instruction morale et d'instruction civique, et un cours d'histoire, et il lui est décerné une mention honorable.

A l'inévitable album de dessins exécutés par ses élèves, M. Nicolle, de Pullay, a ajouté, dans son envoi :

1° Un album de couture, travail de petites filles, tricot, crochet, dentelle, marque et tapisserie;

2° Une notice sur l'histoire de son école, sur sa fréquentation et son fonctionnement.

Le jury lui a accordé une mention honorable pour ses travaux d'élèves, et une médaille de bronze pour ses travaux personnels.

M. RAULT, instituteur à Condé-sur-Iton. — Encore un adorateur de l'agriculture, comme M. LIVET. Il a bien envoyé aussi des devoirs d'élèves. Mais ce qui lui tient le plus au cœur, — on sent cela, — c'est son mémoire intitulé : « De l'enseignement agricole dans les écoles rurales. » Il entend que l'agriculture soit toujours le *substratum* de tout l'enseignement. Arithmétique, grammaire, orthographe, sciences naturelles, c'est toujours à l'agriculture que le maître doit demander les éléments de ses démonstrations. Il ajoute, aussi lui, l'enseignement pratique à l'enseignement théorique, et fait cultiver à ses élèves des fleurs dans des pots, dans le jardin de l'école, dans les champs environnants. Et puis, parfois, il les emmène dans la plaine, parmi les moissons ou les pâturages, ou dans quelque ferme bien tenue pour visiter les bergeries et les étables.

On pense bien qu'un professeur aussi passionné pour l'agriculture n'entend pas qu'on la déserte quand on l'a étudiée. Il veut, au contraire, que les enfants des campagnes en fassent leur carrière, et il la leur présente comme une profession noble entre toutes, qui exige toujours de l'intelligence et du savoir, et jamais des capitulations ou des bassesses. Il lui a été accordé une mention honorable pour ses travaux d'élèves, et une autre pour ses travaux personnels.

M. SAVALET, instituteur en congé aux Andelys, a envoyé des travaux de maître :

1° Un traité d'agriculture, d'arboriculture et de comptabilité agricole;

2° Un cours de comptabilité commerciale en partie double ;

3° Un essai sur la crise agricole, ses causes, et les remèdes à y appliquer;

4° Un traité d'enseignement agricole à l'école primaire.

Une médaille d'argent lui a été accordée pour ses travaux exposés.

M. TOUGAS, de Chavigny-Bailleul, a exposé, avec des albums de dessins de jeunes garçons, un album de travaux à l'aiguille de jeunes filles des trois cours, deux tableaux de tapisserie, un tapis et des ouvrages divers des jeunes filles du cours supérieur. — A obtenu une médaille de bronze.

Quelques institutrices ont fait aussi des envois qui consistent en cahiers de devoirs et travaux à l'aiguille de leurs élèves. Tels sont ceux de :

Mmes CHANU, institutrice aux Hogues;

CHEFDEVILLE, à Berthouville;

Mlles DUCLOS, aux Baux-de-Breteuil;

FOSSE, de Bouquetot;

LEVEAU, de Romilly-sur-Andelle;

PALFROY, de Villiers-en-Désœuvre

Mlle FOSSE a reçu une médaille de bronze, et Mlle LEVEAU une mention honorable.

Mlle ANNA FONTAINE, de Bézu-Saint-Éloi; Mme LENOIR, institutrice à la Madeleine-près-Évreux; Mme LIZOT, directrice de l'école de Breteuil, ont envoyé des collections de cahiers de devoirs, des cahiers de rédaction, un cahier de récits historiques, des albums de dessins d'ornement,

d'animaux et de paysages, enfin des albums de travaux
manuels, trousseau d'enfant, trousseau de poupée, crochet, broderie, tricot. — M⁰ˢ LENOIR a obtenu une mention honorable, et Mᵐᵉ LIZOT a été récompensée par une
médaille de bronze.

La description de tous ces objets est monotone et
sans variété, comme les objets eux-mêmes. Nous avons
tenu cependant à n'en pas trop abréger la nomenclature,
et surtout à ne point omettre les noms des exposants,
car tous sont dignes d'être nommés, et l'on voit, au zèle
qu'ils déploient, que tous ont le respect de leur fonction
et l'amour de leur œuvre.

ENSEIGNEMENT SECONDAIRE

L'enseignement secondaire était représenté à l'Exposition par le collège municipal de Bernay et par la section
de Bernay de la Société libre d'agriculture de l'Eure.

M. BOULÉE, principal du collège de Bernay, avait envoyé
des travaux d'élèves, dessins et calculs. L'intelligente
direction qu'il sait imprimer à son établissement, fré-
quenté par près de cent cinquante élèves, lui a fait
décerner une mention honorable.

La section de Bernay de la Société libre d'agriculture
de l'Eure a exposé un grand nombre d'objets étrangers
à l'enseignement, dont nous entretiendrons le lecteur
ultérieurement. Nous nous bornons ici à mentionner un
matériel important d'enseignement : modèles réduits de
charrues et d'instruments divers employés dans l'agriculture, qui lui a fait décerner une médaille d'or.

EXPOSITION OUVRIÈRE

Il y a, dans l'Exposition de Rouen, une galerie où sont exposés des objets de toute sorte et de toute nature et qui s'appelle l'Exposition ouvrière. Le comité qui l'a organisée s'est adressé aux ouvriers salariés, ouvriers travaillant en collaboration avec le patron, artisans à façon, syndicats ouvriers, sociétés ouvrières, bourses de travail, sociétés de retraite et de secours mutuels, etc., et près de quinze cents exposants ont répondu à son appel. Il a su, avec des ressources fort limitées, provenant de subventions fournies par l'État, le département de la Seine-Inférieure et la ville de Rouen, mettre gratuitement à la disposition de chacun de ses exposants un emplacement et une installation.

Cette initiative mérite d'être encouragée. Il y a là un acte de vraie et saine démocratie. Tout ouvrier de mérite doit pouvoir présenter ses travaux au public, et les faire juger par lui. Malheureusement, beaucoup de pauvres gens, qui ont du talent et point d'argent, sont écartés des expositions, parce qu'ils ne peuvent acquitter les droits qu'on perçoit au seuil. Et ils rôdent, désolés, autour des galeries, comme des âmes en peine qui n'ont point l'obole réglementaire à donner au nocher Caron. La pensée du comité organisateur de l'Exposition ouvrière vint au secours de ces humbles et de ces petits, et, à en juger par le succès qu'elle a obtenu, il est permis d'espérer que, dans l'avenir, le souvenir et l'exemple n'en seront pas perdus.

L'aspect général de ces galeries était assez singulier, un peu papillotant à l'œil. Ce pêle-mêle et ce désordre avaient quelque chose de chaotique. Mais c'était inévitable. Toutes les foules se ressemblent et sont ainsi.

Plusieurs ouvriers de notre département avaient envoyé leurs produits à l'Exposition ouvrière. Nous les présenterons au lecteur dans l'ordre alphabétique le seul ordre que nous croyons pouvoir nous permettre dans ce désordre.

M. Aubry, à Louviers, a envoyé des meubles miniature pour poupées : il faut bien du mobilier pour tous les mondes. A obtenu une médaille de bronze.

M. Baize, de Menneval, ouvrier sculpteur sur bois, a obtenu aussi une médaille de bronze pour les objets qu'il avait envoyés.

M. Baudoire, à Louviers, ouvrier relieur. — Il lui a été décerné une mention honorable pour les exemplaires qu'il avait présentés.

M. Breton, au Landin, figurait avec une étagère à double face en bois découpé.

M. Ceffray, à Saint-Aubin-de-Scellon. — Objets de maréchalerie. — Diplôme commémoratif.

M. Conard, à Damville. — Divers ouvrages artistiques en cheveux. — Une mention honorable.

M. Doucerain, à Evreux, ouvrier tapissier chez M. Lemaître, a présenté un grand calendrier perpétuel valable, pour les méthodes Julienne et Grégorienne, depuis l'an 45 avant Jésus-Christ jusqu'à l'an 5082 après Jésus-Christ. Nous sommes en 1896. Il peut donc rendre encore des services pendant un bout de temps. Bon à léguer aux générations futures après s'en être servi toute sa vie. A remarquer combien cette compo-

2

sition météorologique rentre peu dans les spécialités d'un ouvrier tapissier. A obtenu bel et bien une médaille de bronze.

M. FORCINAL, à Gisors, ouvrier vannier. A envoyé des objets de vannerie, beaucoup d'objets, soixante-huit en comptant bien ; des sièges de grandes personnes, d'enfants et de poupées ; des corbeilles de bureau, des glaneuses à fleurs, des paniers, des corbeilles, des berceaux, une niche à chien, un guéridon, une table à ouvrage, deux cache-pots. Tous ces objets présentaient un mode de vannerie différent :

Vannerie lacée ;
— à jour ;
— en plein ;
— des sièges ;
— des glaneuses ;
— artistique,

le cycle à peu près complet de l'art du vannier. A obtenu une médaille de vermeil du jury des récompenses. Et il lui a été décerné en outre une médaille offerte par M. Thorel, député de l'Eure.

M. JARDIN, à Louviers, a présenté un valet d'établi à levier instantané. A obtenu une mention honorable.

M. LEFÈVRE, au Mesnil-sur-l'Estrée, exposait des travaux de typographie. Il lui a été décerné une médaille de vermeil et en outre une médaille offerte par M. Milliard, sénateur de l'Eure.

M. MARGUERIN, à Fatouville-Grestain, a obtenu une médaille d'argent pour divers objets en bois découpé :

Une garniture de cheminée Louis XIII, pendule et candélabres ;
Un porte-lettres, forme éventail ;

Un bouquet de fleurs ;

Le chariot du sacre de Charles X, formant boîte à bijoux ;

Un chalet suisse ;

Un buffet de poupée ;

Deux petites chaises de poupée.

Ces divers travaux en bois de pommier verni, d'un fini parfait, d'une patience sans nom, et d'une gentillesse charmante. — Récompensé par une médaille d'argent.

M. MAUPOINT, à Bosc-Roger, ouvrier tisseur, a exposé un rocher étagère en verre fondu et en ciment.

M. MORIN, à Louviers, ouvrier mécanicien-serrurier, a présenté un pied à coulisse perfectionné. — Une mention honorable.

M. MORSCH, aux Andelys. — Travaux de modelage. — Un diplôme commémoratif.

M. PUHL, à Nonancourt, cordonnier. A envoyé des dessus de soulier :

soulier Richelieu ;

— à élastique ;

— de cycliste ;

— Charles IX.

Tous ces dessus de chaussures sont taillés d'une seule pièce, sans couture ni collage. Le jury des récompenses lui a accordé une médaille d'argent.

M. ROPIQUET, à Gisors, a exposé des pièces d'horlogerie. A obtenu une médaille de bronze.

M. VASSEUR, à Bernay, avait envoyé des vases, des coupes, des flambeaux en loupe de tuya. Ce bois demande pour le travail au tour une grande habileté et une grande légèreté d'outil, à cause de la multitude de nœuds et de fibres entre-croisées qu'il présente. Le jury a récompensé cette difficulté de travail vaincue, par une médaille de bronze.

M. VAVASSEUR, à Bernay, contremaître de fabrique. M. Vavasseur est un Monsieur qui ne doit pas avoir de dettes. Il a envoyé à l'Exposition de Rouen un manuscrit où il professe que la pire des spéculations pour l'ouvrier consiste à acheter à crédit, et qu'en payant tout comptant l'ouvrier peut arriver à assurer pour sa vieillesse de suffisantes ressources. Il recommande aux ouvriers les sociétés coopératives, les caisses de retraite pour la vieillesse, les assurances, et, en général, toutes les combinaisons que la science de l'économie sociale a inventées et mises à la disposition des travailleurs. Il démontre par des chiffres que c'est là qu'est l'honneur, la dignité et le salut de la vie de l'ouvrier. Et il laisse assez entendre que les dettes, les bordées, les noces en sont l'ignominie et la ruine.

LITHOGRAPHIE, TYPOGRAPHIE

M. IZAMBERT, A LOUVIERS

L'imprimerie lithographique et typographique que dirige M. Izambert a déjà parcouru une longue carrière. Elle a été fondée en 1807 par M. Robert Delahaye, et elle est restée dans sa famille, dont les membres s'y sont succédé de père en fils, jusqu'en 1880. A cette date, elle a été acquise par M. Izambert qui la dirige encore aujourd'hui. Cette maison a donc une longue existence et une courte histoire.

Elle imprime des publications administratives, et compte dans sa clientèle le conseil d'arrondissement, l'administration des forêts, le comice agricole. Elle édite aussi des ouvrages de science pour le compte des sociétés savantes.

Elle fabrique des registres de comptabilité. Elle en a répandu plus de cent mille modèles dans toute la Normandie.

Naturellement, son exposition se composait d'exemplaires divers de ses produits, registres, circulaires, vignettes, faits avec des machines d'une précision parfaite, conduites par des hommes d'une habileté consommée.

Ce ne sont point les premiers venus que ces hommes. Leur travail exige du savoir et du goût, et ne peut être bien fait que par des ouvriers d'élite. Il y en a quelques-uns qui font partie de la maison depuis dix ans, quinze ans, vingt ans, et plus, qui y étaient avant le maître actuel. Le graveur, par exemple, M. Lesueur, y compte vingt-deux années de travail assidu, excellent, impeccable, et est un collaborateur des plus précieux. De tels ouvriers sont non plus des ouvriers, mais de véritables artistes.

Le chef de la maison, d'ailleurs, ne s'accommoderait pas de chefs d'emploi qui seraient médiocres, car lui-même n'est point médiocre. C'est, au contraire, un homme très entendu, très bien posé dans sa ville, répandu dans le monde cultivé, faisant partie, à titre de membre actif et utile, de commissions, chambre de commerce, tribunal de commerce, sociétés savantes, présent partout où il y a une collaboration éclairée à fournir, un travail intelligent à exécuter.

Sa maison est familière avec les expositions, et habituée aux récompenses. Déjà, sous la dynastie des Delahaye, elle avait remporté une médaille d'argent, à Louviers, en 1858, et une encore à Rouen, en 1859. Sous le règne de M. Izambert, elle obtenait, en 1881, une médaille d'argent, à Rouen, et un diplôme d'honneur, à l'Exposition régionale de l'Ouest, Saint-Servan 1891. A l'Exposition de Rouen de 1896, le jury des récompenses décerne à M. Izambert une médaille d'or, et à M. Lesueur, son collaborateur, une médaille d'argent.

MÉDECINE, CHIRURGIE, HYGIÈNE

M. AUBOUR, A LOUVIERS

M. Aubour, chirurgien dentiste à Louviers, est un lauréat de l'Exposition universelle de 1889, où il avait obtenu une mention honorable. Il s'est présenté à celle de Rouen avec des produits analogues à ceux de 1889, appareils de trituration, flacons de substances propres aux soins de la bouche, notamment d'extrait de cresson iodé.

La prothèse dentaire a fait, en ces cinquante dernières années, des progrès considérables, et elle a atteint aujourd'hui un degré de perfection qu'il semble difficile de dépasser. C'est une industrie et une fabrication qui appartiennent bien au XIXe siècle. — Il y a, à Versailles, un portrait de Louis XIV, déjà vieux, où le retrait et la dépression des deux lèvres indiquent bien que la mâchoire était démeublée. Certes, le Grand Roi n'eût

pas manqué de se faire réparer des ans cet irréparable
outrage, car la mastication ne laissait pas de jouer
un rôle considérable dans sa vie, si, de son temps, la
prothèse dentaire eût été un art sérieux. Il faut donc
croire qu'elle ne l'était point.

Mais ce n'est pas à dire qu'elle n'existât pas dès lors,
et qu'elle fût inconnue. Mathurin Régnier, contemporain
de Henri IV, en parle très savamment. Il dit dans sa
satyre IX :

> L'amant juge sa dame un chef-d'œuvre ici-bas,
> Encore qu'elle n'ait rien sur soi qui soit d'elle,
> Que le rouge et le blanc par art la fassent belle,
> *Qu'elle aite en son palais ses dents tous les matins,*
> *Qu'elle doive sa taille au bois de ses patins,.....*

Il y a plus : le poète Martial dit, dans une de ses épi-
grammes, que Thaïs a les dents noires et Lecania les
dents blanches, parce que Lecania a des dents achetées,
et que Thaïs a ses dents naturelles :

> *Thaïs habet nigros, niveosque Lecania dentes.*
> *Quæ ratio est ? Emptos hæc habet, illa suos.*

Ainsi les belles filles qui faisaient la joie de Rome au
temps de Martial avaient des râteliers ! Proh pudor !

De ces divers documents il faut conclure que les dents
artificielles sont d'une origine fort ancienne, que pendant de longs siècles l'industrie dont elles sont l'objet
fut maladroite et naïve; que ses fabrications étaient
grossières, gênantes et douloureuses; qu'elle n'avait
pour clientèle que les femmes qui ne reculent devant
rien quand il s'agit de leur beauté, et que ce n'est que
dans les cinquante dernières années qu'elle est devenue,
par ses prodigieux progrès, une industrie vraiment

utile, pouvant conserver la netteté de la parole et assurer la trituration des aliments,

Auprès des appareils qui se recommandent à la clientèle de M. Aubour figurent des flacons d'extrait de cresson
iodé qui ne s'y recommandent pas moins. Il est certain
que le cresson et l'iode sont deux substances éminemment
favorables aux dents et aux gencives, et l'on peut hardi-
ment conseiller à tous ceux qui ont des dents de recourir
aux élixirs de M. Aubour, pour retarder le moment
où ils auront à recourir à ses appareils.

ANATOMIE CLASTIQUE

Mᵐᵉ VEUVE AUZOUX, A SAINT-AUBIN-D'ÉCROSVILLE

L'établissement de M. le docteur Auzoux, à Saint-
Aubin-d'Escrosville, n'est point tombé en quenouille
lorsqu'à la mort du docteur il est passé aux mains de
sa veuve. Non seulement l'esprit du docteur y a sur-
vécu, et les traditions qu'il avait établies s'y sont con-
servées ; mais le mouvement qu'il lui avait imprimé
s'est continué, sans qu'il y ait eu dessein ou effort, non
pas par suite de la vitesse acquise, mais uniquement
comme conséquence d'un organisme excellent. Ce mouvement tend à perfectionner incessamment les produits,
et à se tenir continuellement au courant des découvertes de la science ; car l'industrie qui s'exerce là est
la très humble et très intelligente servante de la Science,
et elle n'aurait plus de raison d'être si elle ne connaissait toutes les pensées de la Science, et si elle ne possédait tous ses secrets.

Cette industrie de l'*Anatomie clastique* est tout ce qu'il y a de plus ingénieux et de moins banal. Elle fabrique, pour l'enseignement de l'anatomie et de la médecine, des corps de plantes, d'animaux et d'hommes, avec tous les détails de la structure intérieure. Chaque détail est représenté par une pièce séparée qui s'accroche à l'aide de petits crochets à la place qu'il occupe réellement dans le corps de la plante ou de l'animal, de telle sorte que lorsque toutes les pièces sont accrochées à leur place, l'ensemble est la reproduction exacte de la nature. Pour l'étude, chaque pièce se décroche et tout l'individu se démonte, se disloque et s'éparpille. Le remontage se fait avec la plus grande facilité, grâce aux numéros dont les pièces sont munies. L'homme clastique livre donc à l'étude des néophytes et à l'examen des initiés tous les arcanes de la structure de notre corps. Ainsi toutes ces formules banales dont nous remplissons quotidiennement nos discours, *donner son cœur, coûter les yeux de la tête, se faire couper en petits morceaux,* et d'autres pareilles, qui ne sont pour nous que des métaphores, des hyperboles... et des mensonges, sont pour l'homme clastique des réalités normales et constituent des sacrifices professionnels.

Ah! ce n'est pas faute de bonne volonté de sa part s'il se trouve encore des médecins ignorants. Et il s'en trouve, croyez-le. Il y en a qui ne connaissent le corps humain que par les servantes de brasserie, et à qui la peau d'âne sur laquelle sont écrits leurs diplômes peut bien donner le privilège de soigner les malades, mais non pas la science et le talent de les guérir.

Il n'en saurait être autrement, et les maîtres n'y peuvent rien. Il faut absolument des médecins en

nombre suffisant pour le service de la santé publique ;
il faut donc délivrer des diplômes en nombre suffisant.
De là, tant d'ânes. La vie et la pratique finissent par
les instruire un peu : à force de voir des maladies et de
les traiter mal, ils arrivent à les traiter mieux, puis
bien, et ils deviennent à la longue de la force des
empiriques et des rebouteux.

No vous récriez pas. Les empiriques et les rebouteux
n'ont point fait d'études, mais les vieux ont de l'expérience et presque tous ont le don. Car on ne se fait guère
empirique que quand on a le don, tandis qu'on se fait
médecin parce que ça se trouve, comme on se serait
fait liquoriste ou teinturier, si ça s'était trouvé.

Au reste, qu'il y ait des médecins ignorants, les phi-
losophes et les économistes trouvent que c'est au
mieux. Et cela, au nom de l'intérêt public. Selon eux,
un médecin habile fait vivre ou prolonge de pauvres
diables, phtisiques, scrofuleux, mal venus, que la
nature avait condamnés, et qui font souche, et détério-
rent tout un peuple. Un médecin ignorant les laisserait
mourir et rendrait service. Voyez, disent-ils, les populations des campagnes, qui sont sous la coupe de médecins généralement moins instruits ; elles sont plus
robustes que celles des villes où les médecins sont plus
habiles. On voit bien là leur influence funeste. Les bons
médecins combattent la sélection, la retardent ou l'empêchent. Les mauvais la laissent se faire, et quelquefois, sans le savoir, la favorisent. Le mauvais médecin
est un fléau, mais un fléau épurateur, un agent d'assainissement. Les sacrifices humains, auxquels il prête
inconsciemment les mains, sont nécessaires à la santé
et à la vigueur de la race. — Aphorisme : la beauté

et la force d'un peuple sont en raison inverse de la
science et du talent des médecins qui le soignent.

Nous autres, simples particuliers, nous nous soucions
moins de l'intérêt public, et nous sommes plus touchés
par les cas particuliers. Nous admirons les guérisons
miraculeuses, et nous applaudissons à l'habileté des
praticiens qui les ont obtenues. Enfin nous ne pouvons
nous empêcher de rendre hommage aux médecins qui
sont savants, en même temps que de mépriser et de
craindre les autres. En tout, d'ailleurs, nous sommes de
même. Jamais nous ne refusons notre admiration au
savoir et au talent, dût leur emploi être funeste. C'est
ainsi que nous portons aux nues l'avocat éloquent qui
fait acquitter un criminel avéré, et rendre à la société
un redoutable coquin. Les annales de tous nos prétoires
sont pleines de ces maléfices éclatants, qui devraient
nous attrister et qui nous émerveillent.

La vitrine de l'anatomie clastique présentait à Rouen,
en 1896, à peu près les mêmes objets qu'à Paris en
1889 : un homme tout entier, avec plusieurs détails
séparés, cerveau, tête, langue, main, etc; un cheval et
quelques organes séparés, mâchoire, jambe, pied,
sabot, etc.; divers animaux, reptiles, hanneton, colima-
çon; diverses plantes, œillet, campanule, belladone, blé,
gland, cerise, fraise, melon, champignons, etc.

Les récompenses,... la maison n'en sait pas bien le
compte. Ce qu'elle sait, c'est qu'elle n'en peut plus
obtenir, ayant tout obtenu. Le médaillier est plein et
n'a plus de place, pas plus pour la plus petite des mentions honorables que pour le plus grand des prix.

INSTRUMENTS DE MUSIQUE

MM. DUMONT ET Cᵉ, AUX ANDELYS

MM. Dumont et Cⁱᵉ sont des participants assidus de toutes les expositions importantes et sérieuses. Et ils n'y vont jamais sans en rapporter quelque laurier. A chaque épreuve, l'écrin où ils serrent leurs médailles voit augmenter la collection d'une médaille nouvelle.

Leur établissement fabrique des orgues et divers instruments à vent d'une très grande ingéniosité, d'une facture tout à fait consciencieuse et d'un prix très modéré. Cette dernière qualité n'est point un facteur négligeable, et ce n'est pas un mince mérite que de pouvoir établir des produits fabriqués en toute perfection, et de tenir ses prix à un chiffre qui les rend accessibles à tous.

Orgues, harmoniphrases, médiophones, claviphones, choriphones, tels sont les principaux produits que cette maison avait exposés.

Le médiophone est construit de manière à produire des sons d'une puissance considérable et des notes d'une douceur infinie.

Le choriphone produit les effets d'un chœur de chantres et d'une contre-basse.

Le claviphone n'a point de soufflerie ; l'air est fourni par les touches du clavier.

L'harmoniphrase est un accompagnateur automatique qui s'adapte à tous les orgues.

Ces divers instruments sont d'un grand secours dans les paroisses rurales, où les travaux des champs laissent peu de loisirs pour l'étude de la musique, et où, sans eux, le service divin risquerait d'être privé de musique et de chants.

Le Jury des récompenses leur a décerné un diplôme d'honneur.

M. DJALMA JULLIOT, A LA COUTURE-BOUSSEY

On sait que la Couture-Boussey s'est fait une spécialité des instruments de musique. Cette petite localité, malgré les goûts raffinés et les vocations artistiques que fait supposer l'industrie à laquelle elle s'adonne, n'a nullement dépouillé son aspect agricole et son caractère campagnard. On dirait une brave paysanne, intelligente et fine, et qui, devenue riche, n'a point voulu quitter ses bonnets. Ce qui n'empêche que son nom a conquis, par l'industrie à laquelle elle se livre, mieux que de la notoriété, une véritable renommée.

Ceux d'entre nous qui ont visité l'Exposition universelle de 1889, se souviennent combien était riche et combien remarquable l'exposition d'instruments de musique de la Couture-Boussey. Tous les grands fabricants avaient donné.

Toutefois la maison Julliot s'était tenue à l'écart, et n'avait point cédé au mouvement général qui entraînait alors tous les industriels vers Paris. Il semblait que ce ne fût point dans son humeur de prendre part aux expositions éclatantes, et que ses chefs se contentassent de la bonne renommée sans courir après la gloire. Le fait est qu'à cette époque elle n'avait encore rien envoyé à aucune. Elle aurait eu le temps, pourtant, et l'occasion, car son origine est déjà ancienne. Elle remonte à 1810. A cette époque, Nicolas Vacquelin fonde une maison de fabrication de clefs pour instruments de musique. Cette maison passe à son fils Hilaire Vacquelin, puis au fils de celui-ci, Ernest Vacquelin. Ernest Vacquelin s'associe à Victor Julliot, son beau-frère, et Victor Julliot est le père de M. Djalma Julliot, le chef actuel de la maison : chef jeune, actif, intelligent, très intelligent, entreprenant, qui, lui, ne paraît pas disposé à s'accommoder d'une destinée obscure, qui se sent au contraire armé de toutes pièces pour la bataille et pour le succès.

La maison, avons-nous dit, avait été fondée pour fabriquer des clefs d'instruments, et pendant de longues années elle fabriqua des clefs d'instruments. Mais, en 1880, M. Djalma Julliot, devenu associé de son père, à la place de M. Ernest Vacquelin, et impatient de la route battue, adjoignit à la fabrication des clefs celle des corps de flûte et des instruments tout entiers. — Puis, non content de la fabrication de la flûte en bois, il entreprit celle de la flûte en métal, à perce cylindrique, telle que la créa Théobald Boëhm, de Munich. Cet instrument est incontestablement préférable aux flûtes en bois, en ce qu'il n'est point comme elles susceptible de fendillement, ce qui est un accident mortel et sans remède, et supérieur pour la pureté, la netteté et la douceur des sons. La création de Boëhm n'obtint pas, à l'origine, tout le succès qu'elle méritait, parce que le prix en était fort élevé, et inaccessible à beaucoup d'artistes. Mais aujourd'hui que la musique est partout si répandue, qu'elle reçoit partout un accueil si enthousiaste, la flûte en métal voit revenir en grand nombre ses clients. Il faut dire aussi que son prix, sans être encore d'une importance insignifiante, a pu cependant baisser assez sensiblement, grâce précisément au nombre plus grand d'acheteurs, et qu'il doit baisser encore, à mesure que ce nombre augmentera.

M. Djalma Julliot se mit donc à la fabrication de la flûte à perce cylindrique en métal. Il n'y fut pas plus tôt que la fabrication ordinaire ne lui suffit plus, et qu'il rêva un instrument merveilleux. Il voulait que sa flûte :

1° Supprimât la fourche des *fa* naturels et des *fa* dièzes, 3° octave ;

2° Supprimât le passage du *fa* naturel et du *fa* dièze 3° octave, au *sol* 3° octave :

3° Ramenât le tampon de *ré* dièze à sa place acoustique normale.

Autant de problèmes dont les initiés seuls peuvent comprendre toutes les difficultés. Et avec tout cela, M. Julliot n'entendait pas que son mécanisme, quel qu'il dût être, changeât rien au doigté auquel les artistes étaient accoutumés. Chez lui, l'industriel est doublé d'un artiste, et il joue très convenablement de la flûte qu'il fabrique. Connaissant ainsi toutes les exigences des artistes, il avait à cœur de les satisfaire toutes.

Dès qu'il fut à l'œuvre, il ne connut plus de repos. Sa pensée tout entière fut la proie de son rêve. Le sommeil même n'était plus un refuge ; ce n'était qu'une forme plus poignante de l'obsession. *Ægri somnia*. Des flûtes, des flûtes, des flûtes imaginaires en métal, des flûtes à perce cylindriques s'en venaient danser railleusement, et nouer des rondes autour du dormeur. Les unes savaient esquiver la *fourche* des *fa* naturels et des *fa* dièzes,

3ᵉ octave. Les autres étaient habiles à supprimer le passage du *fa* naturel et du *fa* dièze 3ᵉ octave, au sol 3ᵉ octave. D'autres ramenaient le tampon de *ré* dièze à sa place acoustique normale. Il avançait la main pour s'emparer d'elles; mais au moment où il allait les saisir, elles poussaient un grand cri et disparaissaient. Une nuit enfin, — mais après combien de poursuites désespérées et vaines ! — il en vit une, plus belle que toutes ses compagnes, et douée de tous leurs talents réunis. Il la saisit avant qu'elle eût eu le temps de disparaître, et il la porta toute frémissante, mais vaincue, à M. Taffanel, l'admirable et prodigieux artiste, le maître divin de la flûte.

Le Maître, après l'avoir essayée, écrivit : « *M. Djalma Julliot, par son esprit inventif et sa grande habileté, me paraît désigné pour apporter à la flûte de Théobald Boëhm les derniers perfectionnements que peuvent désirer les artistes.* » M. Julliot tire une grande gloire de cette lettre, et il a bien raison. Un tel témoignage, venant d'un dieu, est une consécration.

Les plus rudes angoisses sont donc aujourd'hui passées, et le souvenir même en serait bientôt perdu, si M. Julliot lui-même, et sans le vouloir, n'avait pris soin d'en écrire, jour par jour, toute l'histoire. On peut la lire dans une sorte d'album où il dessinait tous ses modèles, qui sont en nombre énorme, et où l'on voit ses hésitations, ses tâtonnements, ses changements, ses tentatives, ses modifications, ses espérances et ses joies, ses déceptions et ses colères. Livre curieux, qui est comme la genèse d'une invention, et en même temps comme la photographie cinématographique des idées qui s'agitent dans le cerveau d'un inventeur.

Tant que M. Djalma Julliot ne fut dans la maison que l'associé de son père, il resta éloigné de toutes les expositions. Mais dès qu'il fut seul maître, c'est-à-dire en 1893, il envoya des flûtes de sa fabrication à l'exposition de Bordeaux. C'était la première fois que sa maison exposait, et elle obtenait une médaille d'argent. — De l'exposition de Rouen de 1896, il rapporte une médaille d'or.

Ainsi, en deux bonds, la carrière des médailles est parcourue. Après sa médaille d'or, les expositions subséquentes ne pourront plus récompenser ses nouveaux travaux et ses nouveaux perfectionnements que si l'on trouve un métal plus glorieux. Heureusement, il reste les récompenses qui ne sont pas en métal, et qui probablement ne se feront pas attendre.

OPTIQUE

M. RADIGUET, A ÉVREUX

M. Radiguet, opticien à Évreux, est un hôte et un lauréat habituel des expositions. Nous nous souvenons encore de la médaille d'argent qu'il a obtenue, en 1889, à l'Exposition universelle pour ses glaces et ses garnitures d'octants et de sextants.

Le mérite de ses glaces consistait en ce que les faces en étaient mathématiquement parallèles, et ne produisaient aucun miroitement ni aucune déviation de la lumière. Cette année, il a envoyé à l'Exposition de Rouen toute une collection de glaces de couleur à

3

faces parallèles, et des écrans colorés qui servent aux photographes à obtenir, avec le bromure d'argent, la valeur de différentes couleurs et la reproduction d'objets colorés, tels que fleurs, vitraux, tableaux. Ces glaces entrent aussi dans la fabrication des instruments de marine et d'astronomie, et généralement de tous les instruments d'optique de précision.

Tous ces produits sont fabriqués avec un soin extrême, et demandent une habileté merveilleuse. Aussi, les prix doivent-ils nécessairement atteindre des chiffres assez élevés, comme, du reste, les prix de toutes les choses qui ne sont point de fabrication courante. Dans les beaux-arts c'est bien autre chose encore que dans l'industrie. Là, les écarts sont fantastiques. Entre une croûte et un chef-d'œuvre les différences de prix sont incommensurables. Bien plus, les prix d'un même tableau varient parfois d'une année à l'autre dans des proportions colossales.

Les sommes qu'on arrive à mettre sur une toile, sur une statue dépassent toutes les prévisions, celles même du peintre ou du sculpteur tout le premier, qui n'ont point pourtant l'habitude d'être modestes. Les objets d'art aussi font faire bien des folies. Et les chevaux donc! Enfin tout ce qui n'est pas produit ordinaire atteint tout de suite des prix inattendus. On ne peut donc s'étonner que les verres à faces parallèles de M. Radiguet ne soient pas de même prix que des verres de vitrier. D'autant moins que cette industrie, entendue comme M. Radiguet l'entend, c'est-à-dire avec une perfection mathématique, ne semble pas exercée par beaucoup d'industriels, et qu'au prix de l'œuvre en elle-même doit s'ajouter le prix de sa rareté.

Ces objets, présentés à diverses expositions, ont obtenu dix-huit médailles de bronze, vermeil et argent. Nous avons rappelé, en commençant, la médaille d'argent obtenue à Paris, en 1889, à l'Exposition universelle. Nous mentionnons en finissant la médaille d'or qu'il vient d'obtenir à l'Exposition de Rouen.

MATÉRIAUX ET OUTILLAGE POUR LA CONSTRUCTION

SOCIÉTÉ DES GRÈS DE BRETEUIL
MM. ARMAND ROUSSEAU ET Cie

Grès vernissés, grès émaillés, grès tons de pierre, produits réfractaires, tels étaient les objets présentés à l'Exposition de Rouen par MM. Rousseau et Cie, de Breteuil.

Cette jolie petite ville de Breteuil a eu des malheurs. Elle possédait jadis des hauts fourneaux, et nourrissait toute une population ouvrière qui entretenait l'animation et la vie, et qui créait la richesse. Un jour, les hauts fourneaux se sont éteints, les usines se sont fermées, les ouvriers se sont dispersés, et le silence a remplacé le bruit.

Mais ses habitants, qui ne sont point bêtes, se sont avisés que leur sol renfermait des richesses industrielles considérables, et ils se sont mis tout de suite à les exploiter. Déjà M. Pillard-Soulain, l'un d'eux, en quête de matières réfractaires, avait découvert et mis à nu des veines de kaolin, et avait sur-le-champ construit une usine sur sa trouvaille. MM. Rousseau et Cie ont fait de même. Ils ont construit leur usine à pied d'œuvre, pour ainsi dire, car ils tirent toutes leurs matières premières de la région même, et dans un rayon très court. Dans d'aussi favorables conditions les établissements industriels prospèrent, et voilà la jolie petite ville de Breteuil consolée, parce que la population ouvrière est revenue, et que sont revenues avec elle la vie, l'animation et la richesse.

On trouve tout dans ce sol privilégié, et tout pêle-mêle et sans transition : des sables friables et des argiles plastiques; de la marne avec du kaolin; des matières réfractaires auprès d'autres d'une fusibilité extrême. On pense si une usine fabriquant des grès est à sa place sur de pareils gisements!

Depuis un certain nombre d'années la céramique a conquis la faveur publique d'une façon complète. Le fait est qu'elle y a des titres, et l'on ne s'explique pas pourquoi elle ne l'avait pas depuis longtemps conquise. Enfin aujourd'hui c'est chose faite, et la mode y est. Les architectes en font une consommation énorme, et presque toujours les motifs d'ornementation auxquels ils l'emploient sont heureux. Elle est si facile à manier, si docile, si complaisante, et en même temps si intelligente, si jolie, si solide, et si bon marché ! Ce dernier trait achève de lui gagner tous les suffrages. Avoir tant de qualités, et ne point faire la renchérie, en vérité on n'est pas mieux douée.

Avec les grès tons de pierre de l'usine de MM. Rousseau et C⁰ on donnerait à la façade d'une maison l'aspect d'un palais. Les sculpteurs se récrient et disent que ce n'est pas de l'art. Eh! mon Dieu ! non, ce n'est pas de l'art. Mais c'est goûté, voilà l'essentiel. Les

peintres aussi disent que la photographie n'est pas de
l'art, ce qui n'empêche pas la photographie de faire
un assez joli chemin.' Après tout, ne mêlons pas les
choses, et ne confondons pas les genres : que l'art reste
dans son domaine et sur ses sommets, où le millionnaire
seul peut atteindre ses œuvres ; mais c'est un bienfait de
l'industrie que de mettre des ornements aimables et des
décorations souriantes sous les yeux et dans les mains
de tout le monde.

Les grès vernissés font des tuyaux de canalisation
admirables. Leur surface lisse ne se laisse jamais
mordre ni entamer par des végétations pariétaires, et
elles ont aussi le double avantage de présenter un passage toujours net, propre et sain, et d'avoir une durée
indéfinie.

Les produits réfractaires consistent en briques et
pièces de tous modèles destinés à subir impassiblement
les températures les plus élevées, comme celles des
usines à gaz, des usines métallurgiques, des foyers de
locomotives, etc. L'usine de Breteuil obtient ces produits
au moyen de mélanges convenablement proportionnés
qui atteignent l'état de vitrification à des chaleurs
effroyables.

Les ouvriers de l'usine sont au nombre d'une centaine
environ, ce qui fait graviter autour d'elle une population encore assez importante dans une petite ville. Tout
ce monde, honnête et tranquille, vit et travaille avec la
sécurité du lendemain. Grâce à la caisse de secours qui
a été organisée et qui fonctionne très régulièrement,
des soins sont assurés aux malades et du bien-être aux
vieux. Et même des primes sont accordées à la naissance de chaque enfant légitime, ce qui constitue un

encouragement dont la Normandie semble avoir grand besoin, car le dernier recensement l'accuse de ne pas assez soigner sa natalité, et de laisser sa population décroître.

La Société des grès de Breteuil a obtenu déjà trois médailles d'or, à trois expositions où elle a figuré, une au Havre en 1893, une à Roubaix en 1894, et une à Orléans en 1894. L'Exposition de Rouen de 1896 lui en a décerné une quatrième.

NOBILIER

M. ANSAUME, A CRIQUEBEUF-SUR-SEINE

M. Ansaume a exposé, à Rouen, des meubles en menuiserie très soignés, fort habilement et consciencieusement établis.

De toutes les industries qui travaillent le bois, la menuiserie est une de celles qui demandent le plus de légèreté de main, le plus de goût et le plus de soins méticuleux. L'étymologie même du mot indique qu'il en faut traiter tous les détails par le menu. C'est bien ainsi que M. Ansaume les entend et les traite. Ses ouvrages attestent sa grande habileté professionnelle, et à leur bonne tournure on les prendrait aussi bien pour des produits du faubourg Saint-Antoine que pour de la fabrication de Criquebeuf. Le Jury a accordé à M. Ansaume une médaille de bronze.

VÊTEMENT

M. DURET, A BRIONNE

M. Duret exploite à Brionne un établissement de filature et de teinture de coton et de lavage de laine. Il a envoyé des laines lavées et des fils de coton, teints de toutes les couleurs de l'arc-en-ciel, et de beaucoup d'autres couleurs encore, ce qui faisait de son exposition un spectre beaucoup plus riche de nuances que le spectre solaire.

Ce n'est pas sans doute cet arrangement aimable qui a séduit le jury; c'est le mérite de ses produits qui lui a fait décerner une médaille d'argent.

FILATURES ET TISSAGES POUYER-QUERTIER

La Société anonyme des filatures et tissages Pouyer-Quertier possède trois filatures de coton à la Foudre, à Perruel et à Vascœuil-sur-Andelle, et deux tissages à la Foudre et à l'Isle-Dieu. Elle a succédé, en 1883, à la maison A. Pouyer-Quertier.

Nous ne pouvons nous empêcher, en écrivant ce nom, d'évoquer quelques-uns des souvenirs qu'il rappelle, et de dire que l'homme qui l'a porté a su l'illustrer, comme industriel, dans la Seine-Inférieure et dans l'Eure, et, comme homme politique, dans la France tout entière. Personne n'a oublié les scènes épiques de la lutte qu'il

soutint, sous l'Empire, contre M. Rouher, à propos de
questions économiques, et comme il sut donner à ces matières, d'ordinaire si ingrates, un tour plein de grâce, de
belle humeur et de gaîté. Depuis que les chiffres existent,
c'était la première fois peut-être que l'arithmétique
faisait rire. — Personne n'a oublié que, dans des jours
d'effroyable détresse, c'est à son dévouement que
M. Thiers fit appel pour régler avec l'ennemi le compte
de notre colossale rançon, et en verser le montant, sans
faire basculer toutes les balances, et sans rompre tous
les équilibres. Personne n'a oublié avec quelle habileté
il s'acquitta de cette horrible mission, et comment, grâce
à lui, ce formidable déplacement de capitaux s'est opéré
sans secousse.

Les usines de la vallée d'Andelle n'ont eu garde de
laisser tomber dans l'oubli le nom d'un si glorieux
ancêtre ; elles l'ont relevé, au contraire, avec empresse-
ment pour en parer leur orgueil, et c'est sous ce grand
nom que depuis treize ans elles travaillent et prospèrent.

Leur outillage se compose de douze chaudières,
sept moteurs à vapeur et trois moteurs hydrauliques.
Les filatures ont 80,000 broches, dont 23,000 de continus
ring throstle, et les tissages, 650 métiers. Depuis l'année
1883, époque de sa fondation, la Société n'a pas
dépensé moins de 2.200,000 francs en agrandissements
et améliorations.

Les filatures produisent tous les numéros, depuis 12
jusqu'à 36, en chaîne, demi-chaîne et trame, en bobines,
cannettes et dévidés filés sur renvideurs et ring throstle,
ainsi que des retors. Les tissages produisent des écrus
de tous genres, cretonnes, calicots, croisés, façonnés et
brillantés.

La production annuelle est de 2,000.000 kilogrammes de filés, et de 9,500,000 mètres de tissus.

Les divers établissements de la Société emploient ensemble 1,250 ouvriers. Il y a été créé des caisses de secours qui sont alimentées par une cotisation des ouvriers, le produit des amendes et une subvention de la Société, et qui sont administrées par un Conseil dont les ouvriers nomment les membres. Ces caisses de secours, semblables à toutes celles qui existent dans toutes les usines importantes, assurent des soins aux malades, des indemnités journalières à leurs familles, des subventions aux vieillards, et dans certains cas des soulagements à des infortunes imméritées.

Ces établissements, quand ils étaient dans la main de M. Pouyer-Quertier, avaient depuis longtemps épuisé les justices et les largesses de tous les jurys de récompenses. Depuis qu'ils ont passé en celles de la Société, ils ont figuré à deux expositions : à Rouen, en 1884, et à Paris à l'Exposition universelle de 1889, et à toutes les deux ils ont remporté une médaille d'or. A Rouen, en 1896, il leur est décerné un diplôme d'honneur.

M. GUILLEMIN, A NASSANDRES

L'usine de filature et blanchissage de coton que M. Guillemin a installée à Nassandres, n'est pas, il faut le dire, située dans un pays favorable. Elle est éloignée de la matière première, et éloignée du combustible, et les frais de transport plus lourds grèvent d'autant le prix de revient. Ajoutez à cela qu'il lui est imposé des tarifs si fantaisistes, qu'elle paie plus cher pour un plus

petit parcours que d'autres ne paient pour un plus
grand. En outre, la population de la région est plutôt
rurale et agricole qu'industrielle, et le recrutement des
ouvriers, pour être abondant, n'est pas toujours d'une
valeur industrielle très relevée. Ce sont de braves gens
que les gens du pays, mais ils sont nés cultivateurs, et
la charrue, *a priori*, va mieux à leurs doigts que le
métier à filer. De cette inhabileté native, qui entraîne
un plus long apprentissage, résulte, sur le rendement
des machines, un déficit qui peut atteindre entre
5 et 10 p. 100.

Il est cert .n que le Nord, l'Est et la ville de Rouen
sont, à tous ces points de vue, bien plus avantageuse-
ment situés.

L'établissement compte 16,700 broches — 30 métiers
chacun de 420 broches, de continus, et 4 métiers, chacun
de 924 broches, de renvideurs. — Cet outillage file en
moyenne du 25 millimètres, soit 50 000 mètres au kilo-
gramme. Sans être considérable, l'usine est importante
déjà, et peut-être est-il essentiel qu'elle ne le soit pas
moins. Étant données toutes les causes d'infériorité
industrielle de la région que nous avons signalées, une
usine qui aurait un nombre de broches inférieur à
10,000 courrait risque d'être écrasée par les frais généraux, et lutterait bien difficilement contre la concurrence des centres industriels plus favorisés.

Ces causes d'infériorité de la région de Nassandres
sont dans une certaine mesure, atténuées par le taux
des salaires qui y est moins élevé. Mais ce qui en reste
est encore fort onéreux, et rend la position singulièrement militante.

M. Guillemin espérait trouver une compensation

d'un autre ordre. En apportant le bienfait d'une usine à une petite commune, il comptait sur la bienveillance, et même sur l'affection de ses concitoyens. Il semble, de ce côté, avoir éprouvé quelque mécompte. Le jour qu'il a institué un économat, le mécompte était facile à prévoir. Son économat, c'est un magasin pourvu de toutes les marchandises les plus utiles à la vie et les plus usuelles, cidre, vin, liqueurs, café, boucherie, charcuterie, épicerie, vêtements d'hommes et de femmes, chaussures, bonneterie, mercerie, faïence, ustensiles de ménage, etc., qui sont vendues aux ouvriers aux prix les plus réduits, avec un bénéfice extrêmement minime qui, en fin de chaque exercice, est reparti aux ouvriers, au prorata des achats qu'ils ont faits. Grâce à cette institution, les ouvriers sont sûrs d'avoir des marchandises de bonne qualité au meilleur marché possible. Et puis, et surtout, ils n'apprennent pas, ou ils connaissent moins familièrement le chemin du cabaret. Mais on pense si les petits détaillants sont contents ! Le boucher, le charcutier, l'épicier, le marchand de vin lancent l'anathème, et l'usinier n'est bon qu'à pendre. Aussi, ce malencontreux économat, il faut voir comme on le rançonne et comme on l'écorche ! Quand on peut, on lui vend l'œuf le prix de la poule. Il a fini par être obligé d'aller chercher et de se procurer au loin les productions mêmes du pays, paille, foin, avoine, pommes de terre, légumes, bois, œufs, cidre, etc.

Les ouvriers ont une caisse de secours qui est administrée par un Comité composé de huit membres, quatre hommes et quatre femmes, nommés par eux, et présidé par le maître de l'établissement. Le président se borne à surveiller la stricte observation du règlement, et laisse le Comité conduire toutes les affaires. La Caisse est alimentée par les versements des ouvriers, le produit des amendes et une subvention de l'usine. Elle fournit des soins de médecin et des médicaments aux malades, plus une indemnité journalière. Les femmes en couches reçoivent trente francs, les filles-mères quinze francs. Ce dernier point est plus libéralement traité que chez MM. Rousseau et Cⁱᵉ, de Breteuil, qui n'accordent de primo qu'à la naissance des enfants légitimes.

M. Guillemin médite une autre institution, la création d'une caisse de prévoyance pour assurer aux ouvriers vieillis et devenus incapables de travailler une retraite qui ne devrait pas être moindre de trois cents francs. Seulement il faudrait que les ouvriers consentissent à faire un sacrifice sur leur salaire. M. Guillemin les y pousse de toutes ses forces, et offre de verser personnellement 10 p. 100 des sommes qu'ils verseront eux-mêmes. Mais les ouvriers hésitent, parce que sacrifier le présent qu'on tient à un avenir que tout le monde redoute, mais dont personne n'est assuré, c'est dur. Il est certain cependant que cette caisse serait une chose précieuse en ce qu'elle donnerait à l'ouvrier une sécurité complète sur son avenir. M. Guillemin ne désespère pas d'amener ses ouvriers à entrer dans ses vues.

L'esprit de bienveillance et de sympathie dont il est animé vis à vis d'eux ne pouvait manquer de lui attirer en échange leur bienveillance et leur sympathie. Les relations sont cordiales entre le patron et son personnel. La seule cause qui eût pu les tendre, le règlement des indemnités dues en cas d'accidents, a été prévenue et conjurée par des contrats d'assurances qui évitent toutes contestations et qui donnent satisfaction à tous.

Grâce à cette cordialité et aussi à l'abondance du recrutement, M. Guillemin peut, quand il le faut, épurer et moraliser son personnel. Si un ouvrier est mauvais ou corrompu, il peut le congédier sans craindre de ne pouvoir le remplacer, ni surtout de voir tous ses ouvriers prendre parti pour le camarade évincé. De cette façon la masse du personnel qui forcément, à l'origine, dut être un peu mêlée, petit à petit devient une élite, comme il arrive toujours et en tout quand la sélection a son libre jeu.

Combien d'usines sont moins heureuses, où l'esprit de grève est à fleur de peau ! On en a vu où un ouvrier dit à ses camarades : « On m'a renvoyé, faites-vous renvoyer comme moi, » et être écouté ! La Fontaine a, dans sa ménagerie, un renard qui a la queue coupée, et qui conseille à ses congénères de se couper la queue. Les renards, nés malins, bafouent le conseilleur et ne se la coupent point. Les ouvriers, eux, se la coupent. Vraiment les bêtes ont de l'esprit.

Les grèves ne se font guère que dans les industries qui emploient un grand nombre d'ouvriers, car la grève étant une bataille, il faut se mettre beaucoup ensemble pour la faire. La grève, qui avait été instituée pour être une défense, est vite devenue une attaque, et n'est plus aujourd'hui qu'un assaut. Grâce à quelques cabaretiers ambitieux et à quelques députés criminels, elle est devenue aussi une carrière, comme le placement des vins ou la tauromachie, et on y fait des fortunes. Ces aventures, si profitables aux meneurs, sont désastreuses pour les pauvres diables qu'on pousse et qu'on ameute. Elles exigent d'eux de lourds sacrifices et les réduisent aux détresses les plus aiguës et aux misères les plus noires.

La loi des grèves a été aussi funeste qu'elle voulait être bienfaisante et secourable. On rendrait un fier service aux ouvriers si on leur ôtait des mains cette arme de mauvaise qualité, qui ne part jamais que par la culasse.

M. Guillemin a obtenu à l'Exposition de Rouen une médaille de bronze.

MM. PHILIPPE ET LAMY, A CORNEVILLE

Arrêtons-nous, s'il vous plaît, devant cette exposition dont le décor nous présente, de chaque côté, une cloche faite avec des rubans entrelacés. Ce sont les cloches de Corneville.

Il y avait jadis à Corneville une abbaye de Bénédictins qui avait trois cloches. Un jour, les Anglais vinrent (c'était pendant la guerre de Cent ans) et en enlevèrent deux. Ils les chargèrent sur un bateau qui coula à un endroit très profond, où la Risle fait un coude qui s'appelle encore aujourd'hui le *Coude des Cloches*. Elles tombèrent au fond de l'eau et y restèrent. Depuis, toutes les fois que la cloche du couvent sonna, ses sœurs du fond de la Risle lui répondirent. Et ce carillon dura des siècles. Il allait peut-être mourir, quand M. Planquette est venu lui donner une sonorité nouvelle, et une grâce qui va prolonger indéfiniment sa durée.

La filature de MM. Philippe et Lamy est installée sur la rive gauche de la Risle. Elle date de 1852, et c'est M. Philippe, encore aujourd'hui à la tête de la maison, qui l'a fondée.

Les appareils moteurs de l'usine se composent de

deux turbines hydrauliques et d'une machine à vapeur
de 150 chevaux. La machine à vapeur est destinée à
suppléer les turbines quand celles-ci ne sont plus action-
nées par la Risle. Car la Risle est la rivière la plus
fantasque du monde. Tantôt elle coule à pleins bords et
débite dix mille litres à la seconde ; tantôt elle verse à
peine un verre à boire. Ces irrégularités viennent, la
plupart, de son humeur inégale, mais pas toutes. Les
propriétaires d'amont, les riverains de son cours, y sont
bien pour quelque chose. Ils lui prennent, à leur gré,
et sans réglementation aucune, toute son eau pour
arroser leurs prairies, et la pauvre, quand elle passe à
l'usine, est exsangue et sans force. De là un important
surcroît de dépenses pour les usines d'aval, qui sont
obligées d'avoir des machines à vapeur dont la mise
en action est très dispendieuse. C'est déjà un mal. Il y
en a un pire : nombre de chutes qui devraient attirer
les usines ne les attirent pas, et celles-ci vont ailleurs.
Et l'activité et la richesse qu'elles auraient apportées au
pays, elles les emportent avec elles. Si l'on pouvait
remédier à cet état de choses, régulariser notamment,
et réglementer l'arrosage des prairies d'amont, il y
aurait grand profit pour les usines d'aval, ce qui serait
bien, et grand profit pour le pays tout entier, ce qui
serait mieux.

L'outillage de la fabrication de MM. Philippe et Lamy
se compose de métiers alimentant 15,000 broches de
continus et Mull Jenny, renvideurs. Les cotons filés sont
livrés aux fabricants soit en bobines, pour faire de la
chaîne, soit en canettes pour la navette du tisserand,
soit dévidés pour les tissages des étoffes de couleur.

La matière première venait, à l'origine, de l'Amé-

rique. Un jour, la guerre éclata; c'était la guerre de
Sécession. Les gens de là-bas, au lieu de cultiver le
coton, s'entr'égorgèrent, et la Louisiane ne fut plus
qu'un champ de bataille. L'établissement de Corneville
dut, comme tous les industriels du vieux monde, chercher à se pourvoir ailleurs. Il trouva sur la côte orien-
tale de l'Inde un coton appelé *cocanadah*, d'une couleur
jaune rouge, dont le fil a cette particularité qu'il se teint
admirablement en bleu, tout en absorbant moins d'indigo
que le fil blanc. Ce coton ayant obtenu un grand succès auprès de sa clientèle, l'établissement a continué à
en filer une quantité considérable, près de la moitié de
sa production totale, et ce produit s'écoule avec la plus
grande facilité dans les tissages de Rouen, de la Normandie, de la Picardie, des Vosges, etc.

MM. Philippe et Lamy avaient remporté une médaille
de vermeil à Caen en 1883, et une médaille d'argent à
Rouen en 1884. Cette année le jury de Rouen leur a
accordé une médaille d'or.

COLLECTIVITÉ DE LOUVIERS

Un groupe d'industriels de Louviers, dont les usines
travaillent la laine, se sont réunis, et ont présenté à l'Exposition de Rouen, sous la dénomination de Collectivité
de Louviers, un stock de produits fabriqués par eux, tout
à fait remarquables et d'un mérite hors ligne. — Le
jury des récompenses leur a décerné un diplôme de
grand prix.

M. CORNEVILLE, A LOUVIERS

L'établissement de M. Corneville travaille la soie, la laine, le coton, purs et mélangés, et avec sa fabrication il pourrait habiller tout un peuple, depuis les plus riches qu'il peut couvrir de soie, jusqu'aux plus humbles à qui il peut offrir le coton habilement travaillé. Il fait des fils cardés, du cheviot, des laines mélangées, du cachemire, des fils pour bonneterie.

Ces industries textiles sont vraiment charmantes et merveilleuses. Elles arrivent à des résultats inouïs d'élégance et de finesse avec des forces et des outils qui semblent plutôt capables de tout briser. Tout ce prodigieux travail qu'elles accomplissent, si délicat et si léger, ce sont des roues de fer, des engrenages de fer, des broches de fer qui l'exécutent, et elles ont si bien asservi les monstres qu'elles emploient, qu'elles ont ordonné à des machines de deux cents chevaux-vapeur de manier le fil du ver à soie sans le casser, et elles sont obéies.

Il ne faut pas croire pourtant que ces machines si intelligentes et si dociles marchent toutes seules. Elles demandent à être surveillées de près pour ne pas faire de sottises; sans cela, elles en feraient. Elles brûleraient trop de charbon; elles ne feraient pas assez de travail, et le travail fait serait négligé et mauvais. Si l'on est sévère, au contraire, et si l'on exige d'elles, elles brûlent peu de charbon, et font beaucoup d'ouvrage et du bon. C'est à cela qu'un manufacturier actif et entendu arrive. Mais ce n'est pas sans qu'il s'y emploie, et dans les manufactures, le bien ne vient pas en dormant. Aussi, quand

un industriel apporte à une Exposition des produits soi-
gneusement fabriqués par une usine qui prospère, et
qu'on le récompense comme si tout cela était sorti de ses
doigts, on a raison, car c'est bien son œuvre personnelle
en effet, le produit de son activité, de sa vigilance et de
ses soins, comme le gain d'une bataille est bien l'œuvre
du général en chef, quoiqu'il n'ait pas tiré un coup de
fusil.

Dans le champ clos de l'Exposition de Rouen, où
M. Corneville a combattu, il n'a point figuré sans honneur,
et il ne s'est point retiré sans laurier, car le jury des
récompenses lui a accordé une médaille d'argent. Et de
plus il a décerné une médaille de bronze à M. Michel
(Henri), un de ses collaborateurs.

MM. BUNEL ET Cⁱᵉ, A PONT-AUTHOU

Ces Messieurs exploitent une filature à façon de laines
et de cotons cardés. Ils figuraient à l'Exposition de Rouen
avec des produits de leur fabrication, des fils de laine et
de coton de couleurs différentes, disposées en nuances
dégradées, à la façon de l'arc-en-ciel, selon l'usage tra-
ditionnel.

Le nombre considérable d'industriels qui exposent des
produits très recommandables et très soignés atteste,
en même temps que le mérite de chaque fabricant, le haut
degré de perfection auquel est parvenue l'industrie tout
entière. Les jurys de récompense sont souvent embar-
rassés dans leurs jugements, non par la pénurie, mais au
contraire par l'abondance des titres qui sollicitent leurs
largesses. Malgré la quantité de récompenses qu'ils

octroient, ils en refusent quelquefois qu'ils auraient pu consentir, afin de conserver plus de prix à celles qu'ils accordent, et de sauver les distinctions de la banalité.

L'écrivain éprouve un embarras semblable. Il a trop souvent du bien à dire pour conserver à ses éloges tout le crédit qu'elles méritent; et, en outre, ses formules, qui ne peuvent varier à l'infini, courent le risque de fatiguer le lecteur.

Encore vaut-il mieux pourtant être ennuyeux qu'injuste.

Pour cette fois, nous ne fatiguerons pas le lecteur; nous nous abstiendrons de lui dire tout le bien que nous pouvons penser de MM. Bunel et Cⁱᵉ. Nous lui apprendrons seulement, car c'est notre devoir d'historien, que ces Messieurs ont obtenu à l'Exposition de Rouen une médaille de bronze.

M CERIZIER, A LOUVIERS

M. Cerizier, de Louviers, figurait à l'Exposition avec des échantillons d'ouvrages dans la confection desquels entrent le chanvre, le coton et le cuir.

Toute cette contrée de Louviers est éminemment industrielle, et c'est surtout ce qui se file, se tresse et se tisse qui l'attire. Et là, elle est maîtresse. Lorsqu'un pays s'adonne à peu près exclusivement à une industrie, tout de suite il y excelle. Il semble qu'une âme y flotte et qu'un génie l'inspire. Pont-Audemer et la Couture-Boussey ont leur génie; Louviers a le sien. Aussi rien que de normal dans le mérite de ses produits, et dans le succès qu'ils remportent dans les concours où ils se présentent.

Ceux de M. Cerizier lui ont mérité deux médailles d'argent, une pour ses cuirs et une pour ses tissus de coton et de chanvre.

M. QUÉRU, M. BRUMANT

La maison Waddington fils et Cⁱᵉ, de Saint-Rémy-sur-Avre, était présente à l'Exposition de Rouen, mais elle était hors concours. Nous no parlerons pas d'elle, l'ayant assez fait connaître à propos de l'Exposition univer-selle de 1889. Nous nous bornons à dire qu'une médaille d'or a été accordée à M. Quéru, et une médaille d'ar-gent à M. Brumant, tous deux collaborateurs de la mai-son.

ACCESSOIRES DU VÊTEMENT

M. DE BOUTTEVILLE, A BERNAY

C'est une médaille d'argent que le jury a accordée à M. de Boutteville pour son envoi à l'Exposition de tresses et lacets de coton, de tresses élastiques, de cordes à broches et à scrolls, de cotons retors, etc.

Autour des industries principales du vêtement, qui sont la filature et le tissage, évoluent et gravitent une foule d'industries secondaires, qui leur prêtent leur concours, et qui travaillent avec elles. Telles sont les industries du tailleur, du boutonnier, du tanneur, du cordonnier. La lingerie et la bonneterie n'ont pas non plus d'autre fonction. Et puis, viennent toutes les

industries qui confectionnent les ornements du vêtement, teinture, dentelles, galons, tresses, lacets, etc., qui
sont légion. La matière première dont nos habits sont
faits passe, avant d'arriver au consommateur, par une
série d'avatars si longue et si compliquée, que le ver à
soie ne reconnaîtrait pas son fil ni le mouton sa laine.

PRODUITS ALIMENTAIRES

M. LAINÉ, AUX ANDELYS

M. Lainé, farinier aux Andelys, a présenté à l'Exposition des échantillons de farines provenant de mou-
tures par cylindres.

Pour la mouture, meules et cylindres font de bonne
besogne, à condition que le farinier soit actif, intelligent et consciencieux. Il n'y a peut-être pas d'industrie
qui soit plus personnelle, et où l'industriel imprime
plus profondément sa marque. C'est lui qui dirige le
travail de ses moulins, et qui qualifie leurs produits.
S'il prolonge avec excès les opérations de sa mouture, il
va réduire le son lui-même en poudre impalpable
comme la farine, le faire passer par les bluteries avec
elle, et obtenir un produit défectueux, d'une couleur
jaunâtre qui trahit l'outrance du travail. S'il l'arrête
trop tôt, il laisse de la farine se perdre avec le son, et
il ne tarde pas à se ruiner. Un farinier habile doit donc
ne jamais perdre de vue ses outils, et constamment
veiller au grain.

Le travail de la mouture n'est pas le seul qui de-

mande une surveillance très attentive et très intelligente.
Il en est un autre, bien indispensable, lui aussi, et bien
délicat, c'est le nettoyage et le lavage des grains.

Avant toutes choses, les grains doivent être débarras-
sés de tous les corps étrangers qui se trouvent avec lui
dans les sacs, terres, pierres, clous, ferrailles, enfin
n'importe quoi, car tout peut se trouver dans un sac de
blé. Aussi les opérations du nettoyage sont-elles des
plus minutieuses et des plus longues. On y emploie toutes
sortes d'engins, les cribles, les bassins d'eau, les ai-
mants, et ce n'est qu'après bien des toilettes que le
grain de blé est jeté sous le cylindre.

Il passe donc entre deux cylindres, rayés de cannelures diagonales, et actionnés d'un mouvement de rotation inégal, pour qu'il y ait en même temps écrasement
et broyage. Cette opération du broyage se renouvelle
plusieurs fois, trois, quatre, cinq fois même, selon que
l'on veut pousser loin la mouture, et chaque fois les
cylindres employés ont des cannelures plus petites.

Nous ne croyons pas devoir pousser plus loin les
détails sur la fabrication de la farine. Nous en avons
dit assez pour faire comprendre que les produits exposés
par M. Lainé sont bien des produits de son industrie et
de son activité, et non pas seulement des résultats de
son mécanisme. C'est bien lui qui a mérité la médaille
d'argent que le jury des récompenses lui a accordée.

LES BOISSONS

Avant de rendre aux fabricants de boissons fermentées la justice qui leur est due, qu'on nous permette de

maudire encore une fois des produits que nous avons
déjà maudits. A vrai dire, ce ne sont pas les produits de
ces Messieurs qui ruinent la santé de nos populations
normandes, et qui atteignent notre race jusque dans les
générations à naître. Ce qui fait surtout le mal, ce sont
ces horribles mixtures qui contiennent un alcool empoi-
sonné, et qui, sous le nom de liqueurs fortes, se ré-
pandent dans le peuple, le noient, et le tuent, après
l'avoir avili.

L'intempérance et l'ivrognerie ruinent l'agriculture;
elles ne ruinent pas moins l'industrie. Les cabaretiers
sont bien funestes à la classe ouvrière quand ils se font
meneurs de grèves. Hélas! ils ne le sont guère moins
quand ils restent cabaretiers. Nous ne les accusons pas;
ils sont un organisme dans une société qui se corrompt,
et leur crime est une fonction. Mais leur œuvre n'en est
pas moins fatale.

Il y a un bien original syndicat à former, et une bien
jolie grève à faire, dont ne se sont pas avisés les députés qui ont la spécialité de ces choses. Le syndicat sera,
loyalement et au grand jour, dirigé contre l'industrie
des marchands de vin. Nous n'inventons rien : les
sociétés de tempérance en Angleterre ne sont pas autre
chose. Il se donnera pour tâche et pour but, non de casser leurs carreaux et de maltraiter leurs personnes,
mais de leur faire fermer leurs boutiques. Quant à eux,
leur affaire est claire : chacun de leurs clients d'autrefois leur donnera, sa vie durant, pour se tourner les
pouces, la moitié de ce qu'il leur donnait pour lui verser à boire. Chose juste, car, d'abord il ne faut nuire à
personne, et puis cette rente sera la rançon de la santé
recouvrée, de la raison et de la dignité reconquises.

Les insignes des syndiqués seront un verre cassé et
une bouteille renversée, et s'il faut des meneurs, la
Société libre d'agriculture de l'Eure se chargera de les
fournir.

Ouvriers des villes, ouvriers des champs, n'entendrez-
vous donc jamais les voix qui vous donnent de salu-
taires conseils, pour n'écouter que celles qui vous en
donnent de funestes? — « Eh! dites-vous, vous nous
la baillez·belle, vous autres, les heureux, à qui la
vertu est facile, parce que, pour vous, les joies abon-
dent. Mais nous, nous sommes les malheureux; boire
est notre seul plaisir, l'ivresse est notre seule joie,
étant l'oubli. Si nous y renonçons, que nous restera-
t-il dans la vie, sinon la peine et notre misère? »
Hélas! que vous répondre, sinon que vous vous trom-
pez sur le bonheur des heureux; que tous, nous avons
notre fardeau, et que, pour tous, la destinée est dure. La
vie est un labeur, et non pas une noce. Si vous vous
croyez le droit de vous dérober et de vous affranchir,
n'allez pas au moins, de toutes les délivrances, choisir
la pire : la plus lente, la plus douloureuse et la plus
ignoble.

M. MÉE, A BEAUMESNIL

M. Mée est propriétaire de pommiers dans le pays
d'Ouche, région éminemment favorable à la culture du
pommier. Les pommiers, c'est comme la vigne : il y a
des crus. On trouve des pommiers dans bien des pays,
aucune pomme ne vaut la pomme normande, et en Normandie aucune n'est supérieure à la pomme de la vallée d'Auge et du pays d'Ouche. Quand le cidre se clas-

sera par châteaux, quand il y aura des vergers comme il y a des clos, c'est dans le pays d'Ouche que seront le Château-Margaux et le Clos-Vougeot du cidre.

Le pommier est une heureuse fortune pour notre Normandie. Il amortit chez nous le coup des détresses qui frappent partout l'agriculture, et il atténue la misère de nos campagnes, en apportant un appoint de richesse à nos cultivateurs. On ne saurait donc conseiller et encourager trop la culture du pommier. Nous voudrions en voir partout, notamment le long de nos routes, à la place de ces arbres forestiers qui stérilisent le terrain au loin tout autour d'eux ; qui, avec leur ombre exagérée, entretiennent une humidité constante sur les chaussées, et qui, par-dessus le marché, ne rapportent presque rien. Des pommiers n'auraient point ces inconvénients, et rapporteraient quelque chose.

Sans doute, la maraude prélèverait un peu sur la récolte, mais sans grand dommage, croyez-le bien. Une pomme à cidre n'offre pas plus de tentation qu'une grappe de raisin, et cependant on récolte du raisin le long des routes, des chemins et des sentiers. En Hanovre, en Wurtemberg, dans la Hesse et le Nassau, il y a des *routes fruitières*, plantées d'arbres à fruits, et ces Etats s'en trouvent bien. En France même, sur l'invitation des conseils généraux, plusieurs essais ont été faits et sont en cours, notamment en Seine-et-Oise, et semblent en voie de réussir. Il serait à souhaiter que notre département ne restât point trop en arrière de ces initiatives, et créât aussi des *routes fruitières*. Il serait d'autant plus impardonnable à ne le point faire qu'il a le pommier, l'arbre normand par excellence, qui semble tout particulièrement apte à constituer des bordures de

routes, son fruit étant d'une utilité si grande, puisqu'il
fait le cidre, et en même temps d'une séduction si
médiocre pour le passant. Allons, messieurs des Ponts,
un peu d'audace; on n'en meurt pas.

Beaucoup de Normands font leur cidre eux-mêmes,
et souvent le font mal, soit qu'ils y mettent de la négligence, soit qu'ils n'aient point l'expérience professionnelle nécessaire. Mais ceux qui se livrent à la fabrication et au commerce du cidre, sont plus attentifs et plus
habiles, et obtiennent des produits excellents.

Et d'abord, ils connaissent les espèces de pommes qui
font le meilleur cidre. M. Mée emploie les doucet, les
fréquin, les long-bois, les blangy, les moulin-à-vent,
les bédant, les marin-onfray, les maréchal, les messire-
jacquet. Il mélange ces diverses espèces ensemble,
comme on fait dans le Midi des mélanges de vins qu'on
appelle des coupages. Naturellement, il écarte les fruits
gâtés ou pourris, et il saisit le moment où la pomme a
atteint le degré de maturité convenable.

Après la cueillette et le brassage, c'est le lavage et
le nettoyage irréprochable des futailles; puis c'est la
mise en fûts, et tous les soins de la cave. Un fabricant
de cidre ne quitte pas plus son cellier que le jardinier ses
plates-bandes. La récompense de toutes ces sollicitudes,
c'est un cidre parfait, coloré, limpide et savoureux.

C'est le cidre de M. Mée à qui le jury a accordé une
médaille de bronze.

L'UNION AGRICOLE DE SAINT-OUEN DE THOUBERVILLE

L'Union agricole de Saint-Ouen-de-Thouberville

exploite un vaste établissement où se fabriquent le cidre et
le beurre en quantités considérables. Elle produit environ
15,000 hectolitres de cidre par an, et travaille de 1,500
à 2,000 litres de lait par jour en été, et de 800 à 1,200
litres en hiver.

L'établissement a été fondé en 1882 par MM. Gustave
et Alfred Power. En 1886, il a passé aux mains de la
société l'Union agricole, et il est dirigé depuis cette
époque par MM. Gustave et Alfred Power eux-mêmes,
l'un comme président du conseil d'administration,
l'autre comme administrateur délégué.

Les pommes sont achetées dans les environs d'abord,
et puis, dans un rayon de plus en plus éloigné, suivant
que la récolte de l'année est plus ou moins abondante.
Les achats se font en assez grande proportion dans le
département de la Sarthe.

Quand les pommes arrivent à l'usine, elles sont
saisies par un monte-sacs qui les enlève et les trans-
porte au premier étage dans un magasin divisé en com-
partiments, où elles sont déposées suivant leurs espèces.
De là, elles sont portées et jetées dans des broyeurs, et
la pulpe qui en sort tombe dans des cuves où elles
séjournent une douzaine d'heures. Après quoi, cette
pulpe est chargée sur des wagonnets, dont le fond est
une plate-forme ayant exactement les dimensions de la
presse. On l'y dispose en couches de 20 centimètres
d'épaisseur, séparées par des claies en bois. Les wagonnets sont amenés sous la presse dont leur plate-forme
constituera le plateau inférieur. La pression est poussée
jusqu'à 100,000 kilogrammes environ, et le rendement
en jus est de 51 à 52 p. 100. Le jus tombe dans un
réservoir d'où il est envoyé par une pompe dans des

foudres placés dans la cave de fermentation. C'est le *premier cidre*, ou cidre pur jus.

Le marc sorti de la presse est repris par un wagonnet et reporté dans une cuve, où il est brisé, recoupé à la pelle et macéré dans de l'eau. Après la macération, il est soumis à une seconde pression. Le jus qui en sort tombe dans un réservoir, et est, de là, envoyé par une pompe dans un foudre de la cave de fermentation. C'est le *deuxième cidre*.

Le marc de la deuxième pression est souvent macéré une second fois et pressé une troisième pour faire du *petit cidre*.

Enfin il est poussé hors de la cidrerie, où il forme des monceaux épais, qui sont vendus soit comme engrais, soit pour l'alimentation du bétail.

Pour le logement des cidres qui attendent l'acheteur, l'établissement a creusé cinq citernes pavées et voûtées en ciment, lesquelles, avec les caves et colliers peuvent contenir environ 11.000 hectolitres de cidre.

Les marcs épuisés subissent encore une opération, la dernière, celle de la séparation des pépins. Ils sont jetés à la pelle sur des claies en bois inclinées, où ils se criblent, les plus petits morceaux tombant avec les pépins sur des tamis en fil de fer. Ils sont séchés, triés, soumis à l'action d'un tarare qui achève la séparation des pépins. Et ceux-ci sont vendus aux pépiniéristes.

A la cidrerie est annexée une distillerie — deux alambics rectificateurs, système Egrot — qui fabrique des eaux-de-vie de cidre excellentes, et d'une marque très recherchée.

Voilà certes un établissement important, et une fabrication de cidre faite en grand. Mais il n'y a pas assez

d'usines pareilles chez nous. Il faudrait que la fabrication du cidre fût bien plus considérable qu'elle ne l'est
pour que la consommation s'étendît et se généralisât. Car
plus on fabriquera de cidre, plus on en boira. Il faudrait
qu'il y eût plus de pommiers qu'il n'y en a. Nous en
aurons un stock un peu augmenté quand nos routes
seront plantées de pommiers. Mais ce ne sera pas assez
encore. Il faudrait qu'il y eût des pommiers en Normandie comme il y a des vignes en Gascogne, des oli-
viers en Provence, et des mûriers en Lombardie. Nous
voudrions voir le cidre devenir une des boissons qu'on
boit partout. S'il est outrecuidant de rêver pour lui les
prodigieux succès du vin, on peut bien sans présomp-
tion l'égaler à la bière, et il devrait entrer pour autant
qu'elle dans la consommation. Peut-être que notre Normandie ne fait pas assez mousser son cidre.

Avec ses cidres et ses eaux-de-vie de cidre, l'Union
agricole avait exposé des beurres. Sa beurrerie, con-
tigue à la cidrerie, est pourvue d'un outillage du système
danois. Le lait, qui arrive tous les jours à l'usine, —
et nous avons dit qu'il en arrivait douze à quinze cents
litres par jour, — est conduit dans un réservoir à bain-
marie, et livrée à deux écrémeuses centrifuges Laval.
La crème est ensuite traitée par une baratte danoise,
et, au sortir de là, le beurre est coupé en morceaux
pour la vente au détail.

Le lait écrémé est repris en grande partie par les
fournisseurs à raison de deux centimes et demi à trois
centimes le litre, suivant la saison. Le reste sert à la
composition du menu quotidien d'une trentaine de porcs,
très confortablement installés dans une porcherie voisine
de l'usine.

Toutes les industries qui traitent le lait, trouvent dans leurs déchets la nourriture nécessaire à l'engraissement des porcs. Aussi une porcherie est-elle leur annexe obligée. S'il leur faut une vignette caractéristique et un emblème, elles peuvent prendre indifféremment une vache ou un porc. Elles ne seraient pas embarrassées sur le choix d'un patron, s'il leur en fallait un.

Dans l'antique Grèce, le peuple se plaisait à mettre ses œuvres, ses occupations, ses biens sous la protection de quelqu'un de ses dieux. Pomone, Cérès, Bacchus veillaient sur les fruits, sur les blés, sur les raisins. Lucine avait une mission qui ne lui laissait pas un moment de repos. Le dieu Priape — un dieu mal connu et calomnié — était préposé à la garde de jardins. Quant à Mars et Vénus, chacun sait qu'ils présidaient à la guerre et à l'amour, et comme ils y présidaient bien! Leur renommée est parvenue jusqu'à nous si intacte et si grande, leurs noms reviennent si souvent dans les métaphores de nos discours, qu'on croirait vraiment qu'ils y président encore.

Notre esprit moderne a des amusements pareils, et nous aimons, nous aussi, à confier nos professions et nos métiers à la bienveillance particulière de saints patrons. Saint Fiacre, successeur de Priape, patronne les jardiniers, et saint Crépin les cordonniers. Sainte Cécile a les musiciens et sainte Barbe les artilleurs. Les chasseurs se réclament de saint Hubert, les écoliers de saint Charlemagne et les orfèvres de saint Éloi. Saint Joseph protège les charpentiers, et saint Vincent les vignerons. Les photographes, en quête d'un patron, vont certainement choisir sainte Véronique, dont le voile a une si touchante histoire. Les industries du lait en auraient un tout trouvé, si elles voulaient, c'est saint Antoine, qui serait ravi de retrouver chez elles, bien soignés, bien nourris, bien gavés, les arrière-neveux de son fidèle compagnon.

Tous les mouvements qui se font dans la cidrerie de Saint-Ouen-de-Thouberville et dans la beurrerie, soit pour le transport des marchandises d'un endroit à un autre, soit pour les opérations de la fabrication, sont mis en action par une machine à vapeur dont le travail automatique et constant assure à la fabrication une régularité parfaite, et aux produits une qualité uniforme, sans négligence et sans défaillance.

L'Union agricole avait exposé des produits de sa double fabrication, des cidres et eaux-de-vie de cidre, et des beurres. Le jury des récompenses lui a décerné pour ses beurres une médaille d'argent, pour ses eaux-de-vie de cidre une médaille d'argent et pour ses cidres une médaille d'or.

M. DAUVERGNE, DES ANDELYS

Avait exposé des vins et des liqueurs.

Nous sommes tout disposés à dire de M. Dauvergne et de ses confrères, ainsi que de leurs produits tout le bien qu'ils méritent. Mais il ne faut pas se méprendre sur nos éloges, et croire que nous tenons les liqueurs fermentées elles-mêmes en grande estime. Nous les tenons au contraire pour les pires des substances et les plus dange-reuses, les plus séduisantes et les plus perfides. Le rôle funeste qu'elles jouent dans la nation est assez mani-feste pour qu'on les haïsse. Elles l'abrutissent et la déshonorent. Pour un citoyen qu'elles tonifient et réconfortent, il en est cent qu'elles terrassent et mettent à bas. Que dire d'un produit qui engendre un pareil désastre ? Que penserait-on d'un chemin de fer qui, sur cent voyageurs, en remettrait un à destination sain et sauf, et blesserait ou tuerait tous les autres ? Les boissons fermentées ne font pas autre chose, et ne nous servent pas mieux. Nous avons toujours pensé qu'on les appelait *hygiéniques* par antiphrase, comme on appelait les Furies *Euménides.* Rien n'est moins hygiénique qu'elles. A voir le ravage qu'elles portent dans la santé publique, et le désordre qu'elles jettent dans les budgets et dans les ménages des pauvres gens, on s'étonne que la vente n'en soit pas réglementée comme celle des toxiques, de la mort aux rats, de l'acide prussique ou du vitriol. Dieu, qui nous a donné la soif, a fait jaillir des sources, couler des fontaines, et rouler dans les clairs ruisseaux la vraie boisson hygiénique propre à l'étancher. Nos boissons fermentées ne sont que pour flatter nos gourmandises et exciter notre intempérance. Or, la gourmandise est, avec la luxure, la passion la plus générale et la plus indomptable de l'humanité. Quelle mesure pouvait-on espérer qu'elle garderait dans l'usage des liqueurs fermentées ? L'abus était inévitable. On le voit bien au train que les nations mènent depuis longtemps... depuis toujours. Le premier qui planta la vigne fut le premier qui se grisa.

Cela dit, et comme il n'y a pas à croire que les hommes renonceront de sitôt aux boissons fermentées, nous quittons nos pensées moroses; nous reconnaissons de bonne grâce qu'il est juste de rendre témoignage aux fabricants qui apportent dans la confection de leurs

liqueurs du soin, de l'expérience, de la loyauté, et qui
savent leur donner ce qu'on cherche en elles, après tout,
de la finesse, une saveur exquise, une grande richesse
de goût; et nous enregistrons avec une satisfaction sincère la médaille d'argent que le jury des récompenses
de Rouen a accordée à M. Dauvergne.

M. MORIN, DE LA HAYE-DE-CALLEVILLE

A exposé des eaux-de-vie de cidre et a obtenu une
médaille d'or.

M. BISSON, DE LYONS-LA-FORÊT

A obtenu une médaille d'argent pour son exposition
d'eaux-de-vie de cidre.

M. VERVILLE FILS, DE FOUCRAINVILLE

M. Verville fils est un Normand industrieux et malin.
Il est propriétaire de pommiers. Or, on sait que le pommier est d'un rendement fantasque et capricieux, une
année chargé de fruits et, l'an d'après, dénué. Une
année donc — et il n'y a pas de cela plus de deux ou
trois ans — ses pommiers se mirent à donner une
récolte abondante, au point qu'il ne savait qu'en faire. La
vendre, il n'y fallait pas songer, cela se vendait rien.
Alors il la distilla, et obtint une eau-de-vie de cidre,
qu'il trouva si bonne, qu'il l'envoya aux expositions,
et que tout de suite elle y gagna des prix. Cela le mit

en goût, et il continua. Voilà comme il devint fabricant
d'eaux-de-vie de cidre.

Ce n'est pas sa seule industrie. Il se livre en même
temps à l'élevage des volailles, coqs et poules, pigeons
de toutes espèces; et puis, lapins de toutes races. Il vend
des œufs à couver, et des poussins aussi bons et moins
chers bien sûr, qu'au Jardin d'Acclimatation.

Et ses élevages lui réussissent aussi bien que ses distillations, et ils lui rapportent autant de récompenses.
Jugez-en.

Ses eaux-de-vie de cidre ont remporté :

En 1895 :

A Paris, une médaille d'argent;

A Angers, une médaille d'or;

A Bordeaux, un diplôme d'honneur.

En 1896 :

A Nevers et à Moulins, médailles de bronze;

A Damville et à Soissons, médailles d'argent;

A Marseille, grand diplôme d'honneur.

Ses élevages ont obtenu :

En 1893 :

A Verneuil, un premier, un second et un troisième
prix.

En 1894 :

A Caen, deux médailles d'argent;

A Paris, deux premiers et deux seconds prix.

En 1895 :

A Lille, un premier et un troisième prix;

A Paris, cinq premiers et quatre seconds prix;

A Angers, un prix d'honneur, six médailles d'argent
et huit médailles de bronze.

En 1896 :

A Nevers, à Paris, à Moulins, à Chartres, à Soissons, nous trouvons, si nous comptons bien :

1 prix supplémentaire ;

1 prix d'honneur ;

1 premier prix ;

4 deuxièmes prix ;

1 troisième prix :

14 médailles d'argent ;

14 médailles de bronze,

Et 8 mentions.

M. Verville envoie ses produits partout où il y a des expositions, et il a raison. Nous recommandons sa méthode. Notre cidre normand a besoin d'activité et de mouvement pour se répandre au dehors et se faire connaître. Voyez le vin ! se remue-t-il assez ! Qui de nous n'a pas subi les obsessions et les contraintes des placiers en vins ? Et qui de nous n'a jamais succombé à leurs assauts ? Oh ! le vin sait s'y prendre pour entrer dans nos caves !

L'industrie de M. Verville est si jeune et déjà si chargée de palmes que lorsqu'on a compté ses médailles et ses récompenses, on a tout dit. Heureux l'industriel dont la vie tient toute dans la nomenclature de ses succès !

M. Verville fils n'a pas été moins bien traité à Rouen qu'il ne l'est partout ailleurs : le jury des récompenses lui a décerné une médaille d'or.

Achetez un médaillier, monsieur Verville ; le vôtre doit être plein.

M. FRÉTIGNY, A SAINT-PIERRE-DU-VAUVRAY
M. FOULONQUE, A LA HAYE-DE-CALLEVILLE

Fabriquent aussi des cidres et des eaux-de-vie de cidre.

Le cidre est une boisson excellente que nous ne cesserons de recommander à tous, d'abord parce que c'est un produit normand, et puis parce que c'est la meilleure boisson fermentée qu'on puisse boire. Toutefois, le cidre mousseux a un grave défaut que nous devons signaler : c'est sa turbulence et son indocilité. Qui de nous n'a assisté à cette scène épique, qui se renouvelle si souvent, et où le cidre joue le rôle si fâcheux de trouble-fête ? Dès qu'on a fait sauter le bouchon de la bouteille où il est enfermé, il en jaillit en indomptables et furieux bouillons. En un clin d'œil, il ne reste plus au fond qu'un demi-verre ; le reste est partout, sur la table, sur la muraille, sur les habits et les robes des convives. Quelquefois, le malheureux, entre les mains de qui l'explosion a eu lieu, cherche à arrêter l'éruption, et, poussé par un zèle malencontreux, appuie son doigt sur le cratère, ce qui détermine des jets horizontaux, impétueux et divergents, qui éborgnent les hommes, inondent les femmes, et maculent les tentures de la salle. C'est charmant !

Ces gaîtés du cidre sont du plus mauvais goût et passent les bornes permises. Les cidres mousseux ne pourront être définitivement accueillis dans la bonne compagnie que quand ils sauront s'y conduire. On a bien essayé de parer à ces indisciplines et à ces impé-

tuosités au moyen de siphons pourvus d'un robinet ;
mais ce n'est là qu'un expédient, d'une application labo-
rieuse et désagréable ; ce n'est pas une solution. Ce qu'il
faut, c'est que le cidre mousseux perde ses allures de
révolté et de casse-cou. Il appartient à nos fabricants
d'y pourvoir, et de donner à leur cidre plus de souplesse
dans le caractère et plus de distinction dans les façons,
sans lui faire rien perdre de sa générosité.

Les cidres et eaux-de-vie de cidre présentés par
MM. Frétigny et Foulongue leur ont mérité :

A M. Frétigny, une médaille d'argent pour ses eaux-
de-vie de cidre ;

A M. Foulongue, une médaille d'or pour ses cidres ;
une médaille d'argent pour ses eaux-de-vie.

M. ALBERT OUERSENT, A SAINT-ANDRÉ

Encore un fabricant de cidres et eaux-de-vie de cidre.
Encore un industriel intelligent, actif et entreprenant.
— Nous en avons quelques-uns de ce modèle, nous en
avons beaucoup, si vous voulez : nous n'en avons pas assez.
Disons-nous bien que l'industrie du cidre est encore dans
l'enfance, et qu'elle est exercée d'une façon insuffisante.
On ne boit point notre cidre partout, parce que nous
n'en faisons pas assez. Il y a pourtant là, pour notre
Normandie, une source de prospérité inouïe, un privilège, un monopole concédé par la nature, que rien ni
personne ne peut lui enlever et devant lequel toute concurrence est impossible. Sans doute, elle récolte du blé,
mais l'Amérique aussi en récolte, et l'Australie aussi,
et la Russie, et la Hongrie et l'Extrême-Orient égale-

mont. Elle a de beaux herbages, et ses troupeaux sont
superbes, d'accord. Mais l'Amérique aussi a de beaux
herbages et de beaux troupeaux. Tandis que, pour faire
le cidre, où trouvera-t-on des *crus* de pommes comme
les siens? Oui, elle est privilégiée et bénie au même
titre que la Bourgogne, la Champagne et le Bordelais.
Qu'elle sache donc exploiter son privilège!

Il ne faut pas être sorcier pour faire du cidre et de
l'eau-de-vie; mais il faut être mieux que cela : il faut
être soigneux, expérimenté et honnête. Nos fabricants
sont loyaux et honnêtes, et leurs produits sont comme
eux. Alors, comment se fait-il que notre cidre normand,
si sincère et si franc, fait avec de la pomme parfaite, soit
encore d'une consommation si limitée, quand il y a tant
de vins si répandus, où il n'entre pas un grain de raisin?

M. Guersent est propriétaire de pommiers, et sa production de cidre varie un peu suivant sa récolte. Mais on
peut lui prédire qu'il sera entraîné malgré lui à étendre
sa fabrication, et qu'il devra prendre pour règle, non
les variations de sa récolte, mais les extensions de sa
clientèle. Déjà même, il est obligé d'acheter des pommes
au dehors, pour suppléer à l'insuffisance de ses pommiers. Au reste, sa fabrication y gagne, car il achète
des espèces différentes qu'il choisit, et qu'il mélange
en des proportions de lui connues, au grand profit de
ses produits.

Il se garderait bien de laisser place, en ses fabrications, à des négligences ou à des oublis, car ses ambi-
tions sont hautes, et il destine ses produits au combat.
Il n'entend pas borner ses débouchés à son entourage et
à son environ. Il veut expédier ses cidres aux rives loin-
taines, les y faire connaître, apprécier et rechercher.

Ne les envoie-t-il pas déjà jusqu'au Tonkin, où le cidre allemand est seul connu, pour lui disputer le marché et lui enlever les préférences de la clientèle? Pour une telle lutte, des produits médiocres ne seraient pas de taille. Ils emporteraient avec eux la certitude de la défaite, à supposer qu'en raison de leur médiocrité même ils pussent arriver jusque sur le lieu du combat.

M. Guersent fabrique aussi des eaux-de-vie de cidre. Il se sert, pour ses distillations, d'un appareil, — système Egrot — perfectionné, qui lui donne des eaux-de-vie très remarquables et fort goûtées, qui partagent les succès avec ses cidres auprès d'une clientèle très nombreuse et très disséminée, à Paris, à Toulouse, Marseille Bordeaux, etc. Elles partagent aussi avec eux les récompenses décernées par tous les jurys d'exposition.

M. Guersent ne s'est guère adonné à la fabrication et à la distillation du cidre que depuis 1893. Et sa jeune industrie, comme celle de son voisin de Foucrainville, M. Verville, a déjà la tête toute chargée de lauriers. Depuis 1893, elle a obtenu un peu partout, à Paris, à Angers, Laval, Marseille, Moulins, à Saint-Pétersbourg même, vingt récompenses, mentions honorables, médailles de bronze, d'argent et d'or, diplômes d'honneur et grands prix. A l'Exposition de Rouen, elle a obtenu deux médailles d'argent, une pour ses cidres, et une pour ses eaux-de-vie.

M. LEMAIRE A IVRY-LA-BATAILLE

Que les cloches de Thélème sonnent à toute volée ! M. Lemaire, grand'prieur de l'abbaye, est un des grands triomphateurs de l'Exposition de Rouen. Les produits qu'il y a présentés ont obtenu un diplôme de grand prix, et de plus, M. Martel, son collaborateur, a été honoré d'une médaille de bronze. Ainsi le voilà bien dûment crossé et mitré, et parvenu aux plus hautes dignités. *Amen.* Car c'était justice.

Nous ne redirons pas l'histoire de cette maison que nous avons déjà contée à propos de l'Exposition universelle de 1889, à Paris. Depuis cette époque elle ne s'est point endormie dans une destinée qui était pourtant déjà brillante. Elle a continué à travailler, à perfectionner ses produits, à étendre sa clientèle, enfin à peiner et à lutter comme aux premiers jours. Il en est toujours ainsi d'ailleurs dans la carrière de l'industrie. La concurrence est là, haletante et impitoyable, qui vous presse, vous talonne et vous contraint à marcher sous peine d'être devancé, foulé aux pieds, perdu. Alors on marche, toujours, sans repos, sans trêve, sans pouvoir jamais s'asseoir sur le bord du chemin.

C'est ce qui explique les prodigieux rêves que l'industrie a réalisés pour la satisfaction de nos besoins, de nos fantaisies et de nos plaisirs. Elle fait des miracles pour nous plaire. Nous l'en récompensons en lui donnant la richesse, — et encore pas toujours, — mais la vie d'enfer qu'elle mène vaut bien cela. Elle n'accepterait pas à moins le terrible labeur qu'elle s'impose. Aussi, si les théories économiques qui suppriment la richesse, et que nous voyons prêchées sous nos yeux par quelques ignorants de bonne foi et quelques ambitieux de mauvaise, venaient jamais à prévaloir, il est certain que du même coup tout l'effort de l'industrie se détendrait, et que toutes les merveilles qu'elle jette sur nos marchés et qu'elle offre à nos admirations, disparaîtraient, n'ayant plus de raison d'être.

M. Lemaire, nous l'espérons bien, nous fabriquera longtemps encore des crèmes de thé, de moka, de cacao, de l'anisette, du curaçao, du kummel, etc., toutes ces choses si parfumées, si savoureuses et si fondues qu'elles semblent faites avec du velours et des fleurs. Il nous offrira longtemps encore sa liqueur de l'Abbaye de Thélème qui, pour être fabriquée par un faux moine, n'en a pas moins toute l'onction monastique des produits des vrais pères. Et tant qu'on ne nous aura pas arraché nos verres, il y versera ses liqueurs exquises et ses vins généreux.

Nous applaudissons, en terminant, à la très haute récompense qui lui a été accordée à l'Exposition de Rouen, et nous saluons avec orgueil pour notre département son diplôme de grand prix.

M. HUBERT, DE VERNON

M. Hubert, de Vernon, avait envoyé à l'Exposition de Rouen des vins rouges et blancs.

Sa clientèle sait mieux que personne l'intelligence et l'honnêteté qu'il apporte dans son commerce, et la qualité des produits qu'il lui vend. C'est à elle qu'il appartient donc de faire son éloge, et elle ne saurait le faire mieux, si tel est son dessein, qu'en lui restant fidèle et en lui continuant sa confiance.

USTENSILES

M. REGNAULT, DE LOUVIERS

M. Regnault a, à Louviers, une usine où il fabrique de la tôlerie, ferblanterie, chaudronnerie. Il avait envoyé à l'Exposition de Rouen quelques spécimens de ses produits, notamment des seaux et vases à l'usage des laitiers. Ces vases ont l'avantage d'être emboutis et sans soudure, avec des intérieurs sans angles et ronds partout, pour éviter les encrassements. C'est en vue du même profit qu'aujourd'hui, dans beaucoup de nos hôpitaux, on a supprimé tous les angles dans les salles des malades, et arrondi toutes les rencontres des murailles avec les plafonds et les parquets. Le nettoyage en est bien plus facile, les poussières microbiques ne peuvent plus se loger, et l'on a obtenu ainsi un très notable assainissement. De même, les vases de M. Regnault, à contenances partout rondes, à parois lisses comme du verre, sans aucune arête ni rugosité, rendent le lavage extrêmement facile, et n'emmagasinent pas les résidus de lait qui, dans les vases à forme carrée, restent dans les angles, y séjournent, s'y corrompent à la longue, et communiquent leur mauvais goût au lait qu'on y verse ensuite.

L'usine de M. Regnault a, depuis quelque temps, ajouté à ses fabrications celle des objets émaillés. Le soin qu'elle apporte à cette dernière fabrication, et le mérite des objets émaillés qu'elle avait présentés ont valu à M. Regnault l'honneur d'être appelé à faire partie du jury des récompenses. Il s'est donc ainsi trouvé hors concours. Mais il avait antérieurement obtenu une médaille d'or à Rouen en 1884, une médaille d'or à Paris en 1885, une médaille d'argent à Paris à l'Exposition universelle de 1889, et un premier prix à Paris en 1890.

M. GUY, A IVRY-LA-BATAILLE

A exposé à Rouen des appareils de chauffage et d'éclairage.

Voilà encore une industrie qui fait aujourd'hui, et depuis assez longtemps déjà, des merveilles. Elle déploie une activité des plus heureuses, et fait preuve d'une ingéniosité extraordinaire.

Le chauffage a inventé les systèmes les plus variés, à feu ouvert, à feu renfermé, à combustion lente, à combustion rapide, Chouberski, Cadé, Salamandre, d'autres encore. De temps en temps, ces appareils ne laissent pas que d'asphyxier le client, et de convertir en sommeil éternel le doux repos de la nuit. Mais ces accidents ne rebutent pas plus la clientèle que les déraillements de chemin de fer n'empêchent de monter en wagon. Tous ces engins sont si commodes et si peu dispendieux ! Certes, le chauffage au bois, dans une cheminée, est de beaucoup le plus beau et le plus excellent des chauffages; mais c'est un chauffage cher et tout à fait de luxe. Il faut avoir le moyen de perdre 80 p. 100 de l'effet utile de son combustible, ce qui n'est pas le cas de tout le monde. Les poêles, au contraire, ont une déperdition de chaleur incomparable-

ment moindre, et donnent un chauffage que les pauvres
gens ne pourraient pas sans eux se procurer.

Quant à l'industrie de l'éclairage, elle est tout simplement merveilleuse. De la torche de résine à l'arc incan-
descent quel chemin parcouru ! Ce sont les chandelles
qui éblouissaient jadis la cour du Grand Roi ; aujourd'hui
le petit bourgeois de province éclaire son escalier à l'é-
lectricité ! — Sur la chandelle, la bougie fut un premier
progrès. L'huile à brûler en fut un second. Puis le gaz
apparut. Ce ne fut pas sans contestations et sans peines
qu'il parvint à entrer dans la consommation courante.
Ce ne fut pas plus tôt fait que voilà l'électricité qui
entre en scène et prétend chasser le gaz. Le gaz tient
bon et lutte. Ce qui fait tort à l'électricité, c'est son
prix élevé. Quand elle sera parvenue à se donner à
meilleur marché, elle pourrait bien avoir cause gagnée,
car elle est d'un maniement bien commode. Elle s'y
emploie et elle y travaille. Le gaz, de son côté, ne
reste pas inactif, et perfectionne son éclairage. Une de
ses plus heureuses trouvailles a été l'éclairage par in-
candescence et le manchon Auer.

Pendant la lutte entre le gaz et l'électricité, d'autres
agents d'éclairage se sont offerts, quelques-uns non
sans succès. Ainsi le pétrole, qu'on est parvenu à épurer assez pour que sa combustion soit sans odeur, a
pris dans la consommation une extension considérable.
C'est lui, vraiment, bien plutôt que le gaz, qui a chassé
l'huile à brûler des maisons particulières. Ainsi l'acéty-
lène qui vient de faire son apparition, et qui sollicite à
son tour les faveurs du public. On lui reproche son
caractère susceptible et sa nature éminemment explo-
sive. Mais il est encore bien nouveau venu parmi nous

pour avoir eu le temps de se civiliser. S'il parvient à
prendre sur lui, à s'apprivoiser, à se domestiquer, et
à acquérir toutes les vertus qu'on exige d'un bon servi-
teur, la patience, la docilité et l'obéissance, nul doute
que ses services soient acceptés, car il fournit à bon
marché une lumière splendide.

Dans l'industrie de l'éclairage, il y a non seulement
la substance éclairante, mais encore l'appareil le mieux
approprié à son emploi. Quand les chimistes ont trouvé
la substance, les fabricants cherchent l'appareil. Il y a
des industriels qui se sont fait dans cette carrière une
vraie gloire. MM. Quinquet et Carcel y ont trouvé jadis
le moyen d'y mettre leurs noms en lumière. Le manchon Auer, dont nous parlions tout à l'heure, a également, de nos jours, popularisé le nom de son inventeur.

M. Guy ne manque donc pas de sujets de méditations
et d'études. Son industrie est de celles qui peuvent illustrer. Elle a devant elle un vaste champ d'investigations,
fertile en découvertes et en inventions heureuses. M. Guy
ne paraît pas, du reste, l'ignorer, ni se soustraire,
car les appareils qu'il a présentés à l'Exposition de Rouen
n'étaient point les premiers venus : ils se recomman-
daient au contraire par leurs mérites de fabrication au
jury des récompenses, qui a accordé à leur auteur une
médaille d'argent.

MÉTALLURGIE

MM. LAIR ET Cie, A ÉVREUX

Voici une usine tout particulièrement intéressante.

M. Lair était ouvrier mouleur dans les hauts fourneaux de M. d'Albon, puis contremaître mouleur dans les fonderies Delille, à Evreux. Ouvrier très habile, contremaître très énergique et très vigoureux, connaissant le métier comme personne.

En 1864, il voulut être patron à son tour. Il le fut, mais au prix de combien de déceptions, de déboires et de mauvais jours !

En 1864 donc, il créa la fonderie de la Madeleine d'Evreux, en association avec MM. Vallée et Turlure. Dès 1868, ses deux associés, épouvantés des difficultés de l'entreprise, se retirèrent, et le laissèrent seul aux prises avec elles. Il ne se découragea point. Son énergie, son honnêteté, son habileté technique inspirèrent confiance, lui attirèrent des sympathies et des secours, et il parvint à créer une société en commandite par actions pour continuer l'exploitation de l'usine.

Il n'était pas au bout de ses peines. Comme il n'avait pas reçu d'instruction sérieuse — les urgences de sa vie d'ouvrier ne lui en avaient fourni ni le moyen ni le loisir — il ne tarda pas à s'apercevoir combien cette instruction lui manquait, et qu'on ne mène pas une usine comme un atelier. Tout son aplomb alors parut vaciller, et la netteté de son esprit sembla même un moment s'obscurcir. Il avait un fils qu'il faisait instruire mieux qu'il n'avait été instruit lui-même. Il crut se sauver en se l'adjoignant. Le bagage scientifique d'un garçonnet de quatorze ans, qui lui faisait une si naïve illusion, était un bien mince bagage pour être d'un utile secours. Il s'en aperçut vite, et renvoya l'enfant à l'école. Réduit à lui-même, il se ressaisit, et grâce à son indomptable volonté, l'usine, pendant quelques années, se soutint. Elle marcha péniblement, mais enfin elle marcha.

Pendant ce temps, le fils acquérait une instruction solide en mathématiques, géométrie, dessin, comptabilité. Il y ajoutait les connaissances pratiques du mouleur, du modeleur, de l'ajusteur, en exerçant successivement ces divers métiers. Et puis, il devenait un homme. En 1874, il rentra dans l'usine pour n'en plus sortir. Collaborateur de son père pendant quatorze ans, il a été nommé, en 1888, directeur gérant de l'établissement.

Nous avons raconté en détail les commencements laborieux et la période militante de la fonderie de la Madeleine, parce que l'histoire n'est pas banale, et qu'elle met en relief un caractère. Cet ouvrier, qui inspire assez de confiance pour attirer des capitaux, qui fonde un établissement, qui ne recule devant aucun obstacle et subit sans broncher toutes les avanies a certainement une âme bien trempée. Puis, à côté de cette vigueur qui ne doute de rien, cette conscience qui tout à coup s'inquiète et doute de soi, révèle un esprit loyal et libre de tout sot orgueil, ayant la mesure exacte de ce qu'il vaut, et rien au delà. Ces traits sont ceux d'un homme qui doit être en même temps un brave homme et un rude homme, un mâle, comme on dit aujourd'hui, et il convenait de le saluer au passage.

L'usine est située dans la côte de la Madeleine, sur un terrain en déclivité assez prononcée. L'emplacement semble peu propre à une pareille installation. Il fut choisi néanmoins parce qu'il était contigu à la gare du chemin de fer, et que ce voisinage assurait une facilité exceptionnelle aux entrées et aux sorties des marchandises. Seulement, depuis, la gare a été déplacée et reportée à douze mètres plus bas, et tout le profit que devait pro-

curer son voisinage a été perdu. M. Lair était vraiment
destiné aux déconvenues les plus inattendues.

Les ateliers et magasins couvrent une surface d'environ 2.000 mètres. L'usine est pourvue d'une machine
à vapeur de quinze chevaux, qui actionne des broyeurs,
ventilateurs, tours, machines à percer, cisailles, poin-
çonneuse, scie, etc. Elle possède quatre grues à pivot de
cinq à douze tonnes, desservant les ateliers de moulage
et l'ébarberie, une grue de quatre tonnes pour la manœuvre des châssis déposés dans les cours, une de six
tonnes pour le chargement et le déchargement des marchandises qui arrivent et qui partent, des bascules, une
presse hydraulique, un appareil d'épreuve au choc, etc.;
enfin l'outillage usuel de tout établissement métallur-
gique.

L'usine fabrique en général tous les objets en fonte,
pièces mécaniques, cylindres de machines et moteurs,
fontes de bâtiment, fontes d'appareils de produits chimiques, pièces d'appareils accessoires de chaudronnerie,
robinetterie, etc. Elle s'est plus particulièrement spécia-
lisée dans la fabrication des roues de wagonnets.

Pour cette dernière fabrication, au moyen de la coulée
en coquille et d'un mélange déterminé de fontes différentes, elle obtient une épaisseur de trempe proportion-
née à la force et à l'épaisseur des roues. Par un mélange
analogue elle obtient aussi des fontes, tantôt douces et
résistantes au choc et à la traction, tantôt serrées et
résistantes à l'usure par frottement, tantôt enfin des
fontes résistantes au feu.

Ces Messieurs occupent une cinquantaine d'ouvriers.
Leur production annuelle en fonte moulée est en
moyenne de 700 à 1.000 tonnes. Leur établissement est

outillé pour travailler des pièces de 8.000 kilogrammes.

Ils avaient envoyé à l'Exposition de Rouen :

Un châssis rectangulaire à emboîtage ;
Une plaque à embôture ;
Des fourneaux économiques portatifs ;
Des roues d'engrenage ;
Des volants et des poulies ;
Des roues de wagonnets ;
Des bascules, lingots, barreaux d'épreuve.

MM. Lair et Cⁱᵉ ne s'étaient encore jamais présentés à aucune exposition, et ils ne voulaient pas se présenter à celle de Rouen. Ils disaient que leurs fabrications, consistant surtout en pièces détachées, n'étaient pas de défaite et que, quel que soit leur mérite, elles n'intéresseraient pas le visiteur. En faisant leur envoi, ils n'ont fait que céder à des insistances d'amis. Ils doivent voir aujourd'hui qu'ils avaient tort, et que leur exposition a intéressé le visiteur compétent. Le jury des récompenses a dû achever de les mettre à la raison en leur accordant une médaille d'argent.

PRODUITS CHIMIQUES ET PHARMACEUTIQUES

SOCIÉTÉ ANONYME DES USINES DE WYGMAËL, A AUBEVOYE

La Société anonyme des Usines de Wygmaël est une Société belge. Wygmaël est situé tout près de Louvain. Autrefois c'était une petite bourgade. Aujourd'hui c'est un gros pays.

Vers 1858, M. Edouard Rémy, industriel de Louvain,

fonda les Usines de Wygmaël pour la fabrication de
l'amidon de riz. L'établissement, à son origine, fabriquait environ 300,000 kilogrammes d'amidon. Il en
fabrique aujourd'hui plus de 15 millions de kilo·
grammes.

Cette prospérité prodigieuse est due à l'excellence des
produits de la maison, et aussi à l'admirable direction
de son fondateur, qui était un industriel, un administrateur, un homme d'affaires merveilleux. C'était aussi
un philanthrope d'une inépuisable bienfaisance, et lorsqu'il est mort, l'an dernier, tout Louvain fut en deuil,
et ses funérailles, dont la ville a voulu faire les frais,
ont été celles qu'on fait à un grand citoyen.

Les Usines de Wygmaël eurent, dès l'origine, des relations très suivies avec la France. Ces relations grandirent
rapidement, et finirent par prendre un tel développement que les administrateurs se décidèrent à créer une
usine française, qu'ils installèrent à Aubevoye, près
Gaillon. C'est par elle que la Société des Usines de Wygmaël se rattache au département de l'Eure.

Cette usine est chargée de produire tout ce qui jadis
était produit, à Wygmaël, à destination de la France.
Commencée en 1892, elle est entrée en activité en 1893.
Conçue et construite par des hommes qui s'y connaissent, puisqu'ils font de l'amidon de riz depuis quarante ans, elle est pourvue de tous les perfectionnements
imaginables, et ses produits sont ce qui se fabrique de
plus parfait aujourd'hui.

Si clairvoyants qu'ils soient, les administrateurs de la
Société se sont trompés de mesures et de dimensions,
car leur installation primitive s'est trouvée tout de suite
trop petite pour la somme de travail qu'il a fallu lui

demander. Ils ont dû plusieurs fois déjà l'agrandir et ils prévoient qu'ils auront à l'agrandir encore.

La Société des Usines de Wygmaël faisait partie du jury des récompenses de l'Exposition de Rouen, et était par conséquent hors concours.

M. BOURDON, A ÉVREUX

Nous présentions au lecteur, il y a quelques pages, les boissons fermentées, les cidres fumeux, les fines eaux-de-vie, les liqueurs savoureuses. Nous lui présentons maintenant une liqueur tranquille, bienfaisante et discrète, qui a la prétention de guérir ce que les autres ont rendu malade, qui relève ceux qu'elles ont abattus, qui réconforte ceux qu'elles ont délibités, qui remet l'ordre là où elles avaient jeté le désarroi.

L'eau de la source Sanson, au Neubourg, dont M. Bourdon est propriétaire, est une eau médicinale, qui s'adresse aux diabétiques, anémiques, dyspeptiques, et en général à tous ceux qui digèrent difficilement. Elle contient fort peu de sels minéraux, et en revanche une quantité exceptionnellement considérable d'oxygène et d'azote.

Sa vente comme eau médicinale n'a été autorisée que le 23 avril 1895. Son entrée dans le monde des eaux médicinales et des remèdes est donc toute récente, et elle y est encore peu connue. Dans ce monde-là, les nouveaux venus sont toujours assez mal venus. Les anciens, qui sont en possession de la notoriété ou de la popularité, voient toujours d'un mauvais œil apparaître et s'élever auprès d'eux un concurrent qui menace de

les amoindrir, s'il fait aussi bien qu'eux, ou de les ruiner, s'il fait mieux. Passez en revue toutes les découvertes de la médecine ; pas une qui n'ait été niée, discu-
tée, calomniée. La circulation du sang, la vaccine, les
admirables travaux de M. Pasteur, tout a été contesté.
Et cela, non pas par le public qui n'y entend guère,
mais par des hommes compétents, des médecins, des
savants. Est-ce que leurs yeux routiniers ne peuvent pas
s'habituer à une lumière nouvelle ? Ou bien peut-être y
a-t-il dans ces querelles un peu de jalousie ? Beaucoup
de jalousie ? Pendant ce temps le public ne sait auquel
entendre, et demeure indécis, jusqu'à ce que l'expérience consacre ou condamne la découverte.

Il est bien un peu fondé à se méfier, le public, et à
se tenir sur la réserve : il a été si souvent trompé ! Il y
a tant de remèdes qui lui sont offerts, avec grand ren-
fort de réclame, et qui sont d'une complète insignifiance !
Mon Dieu ! Tous les remèdes qui veulent se produire
emploient les mêmes procédés, annonces, proclamations,
boniments, attestations, certificats de guérison, et
témoignages de reconnaissance, avec commande d'un
envoi nouveau. Ils y sont bien obligés, il n'y en a pas
d'autres. Il existe pourtant des remèdes efficaces, tout
de même. Si le bismuth ou la magnésie en étaient
encore à faire connaître leurs vertus, ils ne procé-
deraient pas autrement. Le bismuth dirait qu'il rend
aux malades un empire sur eux-mêmes qu'ils avaient
perdu ; la magnésie, qu'elle fait recouvrer une facilité
ou une aisance qu'on ne connaissait plus. Des gens,
satisfaits de leurs services, leur écriraient pour leur dire :
merci. Ce serait vrai pourtant, tout cela.

Que conclure ? C'est que l'annonce n'est pas toujours

un mensonge, et qu'il peut y avoir de la vérité dans la
réclame ; qu'il faut examiner en dehors d'elle, et
que le meilleur moyen de se rendre compte, c'est
d'essayer, lorsque l'essai est d'ailleurs inoffensif, et
n'expose que le prix du médicament.

Le prix du médicament ! Chose singulière ! C'est précisément là ce qui le plus souvent retient. Si minime
qu'il soit, on ne veut pas le payer. Une expérience
dont la santé est l'enjeu vaut pourtant bien un denier.

Pascal disait aux incrédules de son temps : « La foi
ne présente aucun danger ; votre incrédulité, au contraire, vous en fait courir de terribles. Si vous croyez,
et que la religion soit fausse, vous en êtes quittes
pour une erreur. Si vous ne croyez pas, et qu'elle
soit vraie, vous êtes perdus. »

Les malades, auxquels l'eau de la source Samson
s'adresse, sont dans un cas pareil. S'ils l'essaient, et
qu'elle soit sans vertu, ils en sont quittes pour un essai
infructueux, et le prix de la bouteille. Mais s'ils s'abs-
tiennent, et qu'elle eût dû les guérir, ils manquent le
rétablissement de leur santé, et se vouent à une vie
misérable.

Le fait est que cette eau ne se recommande pas
moins que les autres, et qu'elle a, comme elles, ses auto-
risations, ses guérisons, ses certificats et ses témoignages. Elle a surtout ses analyses qui, après les
guérisons qu'elle a opérées, expliquent parfaitement à
quoi son efficacité est due. Les gens qui doivent s'y
connaître disent que c'est sa richesse en oxygène et en
azote qui fait toute sa bienfaisance.

Et il semble pourtant bien qu'elle a dû faire du bien
à quelques-uns. Nous ne pouvons pas croire que ceux

qui déclarent qu'ils ont été guéris ou soulagés mentent ; que les médecins qui ont vu les améliorations, et qui en déposent, mentent ; que les pharmaciens qui ont fait, pendant la durée du régime, les analyses successives et successivement plus favorables, mentent. Non, il doit y avoir là-dessous quelque chose, et les malades ont assez d'intérêt à savoir quoi, pour se donner la peine d'y aller voir.

Il y a en matière d'eaux médicinales un état d'âme et une psychologie contre laquelle le bon sens proteste, c'est que, quand une source est voisine de nous, elle ne doit rien valoir. Parlez-nous d'une eau qui jaillit à deux cents lieues de chez nous. Voilà une eau qui doit guérir ! Surtout si on va la boire sur place. Il semble que le prix du voyage en garantit la vertu. Mais une eau qui est là tout près ! qu'on n'a qu'à se baisser pour la prendre ! Comment voulez-vous que ça guérisse ? — Ce raisonnement est niais, mais il a cours. Il est sur une des pentes de notre esprit. Ce qui est chez nous n'a pas de prestige. Les jaunisses de l'Allier ne se guérissent pas à Vichy, et les rhumatismes de Chambéry n'ont jamais été à Aix que pour jouer à la roulette. Il faut du lointain pour donner de l'autorité. Nul n'est prophète en son pays.

Les gens de l'Eure seront peut-être plus avisés, et voudront sans doute voir par eux-mêmes avant d'applaudir ou de condamner une eau qui jaillit au milieu d'eux. La source Sanson, du Neubourg, s'est fait portraiturer sous les traits d'une petite femme svelte, coiffée d'un chapeau cabossé à la diable, tenant en main un verre d'eau tout rempli de globules d'oxygène. Elle déclare « qu'elle guérit les diabétiques, les anémiques,

les dyspeptiques et tous ceux qui digèrent difficilement ;
qu'elle soulage les asthmatiques, et qu'elle redonne de
la vigueur aux convalescents et aux personnes affai-
blies par l'âge ou les maladies ». Eh bien ! diabétiques,
dyspeptiques et anémiques, etc., qui avez essayé de tous
les remèdes, allez la voir, puisque aussi bien vous n'avez
rien de mieux à faire, et, après avoir vidé le verre
qu'elle vous tend, vous pourrez dire à coup sûr si c'est
une farceuse ou une amie.

Elle fait d'ailleurs tout ce qui est en elle pour vous
inspirer confiance, et elle ne vient pas à vous sans réfé-
rences. Elle s'est présentée à l'Exposition de Rouen, et
le jury des récompenses lui a décerné une mention
honorable, ce qui est très honorable pour une personne
si jeune, qui n'a pas encore eu le temps d'illustrer le
nom qu'elle porte.

M. KRITTER, A CONNELLES, PRÈS SAINT-PIERRE-DU-VAUVRAY

Exploite une manufacture de savons. A exposé des
échantillons de ses produits.

M. STEINER, A VERNON

Nous avons eu déjà l'occasion de parler de M. Steiner,
de Vernon, à propos de l'Exposition universelle de 1889,
à Paris. Nous le trouvons encore à la présente Exposition de Rouen, parmi les exposants les plus recommandables et les mieux cotés.

Nous rappelons que M. Steiner est un Alsacien qui a

quitté son pays, parce que son pays était devenu allemand. Il est venu s'établir à Vernon, et il a installé
tout près de là, à Saint-Marcel, une usine où il fabrique
des benzines, des matières colorantes et de la mort aux
rats. Ce dernier produit se compose d'une matière phos-
phorée de l'invention de M. Roth, prédécesseur de
M. Steiner, qui fait merveille, paraît-il, qui porte le
ravage et la mort parmi les rats et les souris, et qui
nous délivrerait certainement de cette vermine, si
quelque chose pouvait nous en délivrer. Au moins dimi-
nue-t-il sensiblement les dommages que cette peste cause
aux cultivateurs, et doit-il être, à ce titre, considéré
comme un bienfait pour l'agriculture.

M. Steiner a remporté des récompenses dans toutes
les expositions où il s'est présenté. Toutes ces récompenses, en général, entre les mains des industriels qui
les ont obtenues, ne sont pas de vains titres, soyez-en
sûrs. Il faut bien travailler et travailler bien pour les
obtenir. Elles sont la consécration et la formule des
jugements que le public compétent a portés sur chaque
produit pendant la durée d'une exposition. C'est le témoignage rendu à un industriel par ses pairs. Il ne semble
pas qu'il y ait rien de mieux, et c'est certainement la
meilleure garantie d'une bonne fabrication.

Telle est, par excellence, la signification de toutes
celles qui ont été décernées à M. Steiner, auxquelles il
y a lieu d'ajouter, pour la présente Exposition de Rouen,
une médaille d'or.

CUIRS ET PEAUX

M. CÉCILE, A PONT-AUDEMER

M. Cécile est tanneur à Pont-Audemer. Il a envoyé à l'Exposition de Rouen des cuirs forts pour semelles, auxquels le jury des récompenses a accordé une médaille de bronze.

MACHINES MOTRICES

COMPAGNIE DES MOTEURS NIEL, A PARIS

La personnalité industrielle de M. Niel a singulièrement grossi depuis le temps, peu éloigné encore cependant, où son atelier de construction de machines était au petit village de Gravigny, près Evreux. Il n'y a guère que sept ou huit ans, si nous ne nous trompons, que sa très légitime ambition l'a fait venir à Paris, où il a placé son centre d'action.

Pour augmenter sa puissance de production, il fonda, en 1890, la Société des moteurs Niel, au capital de 300,000 francs, porté aujourd'hui à 700,000.

S'il s'est éloigné de nous, pour s'agrandir, il n'a pas entendu nous quitter, car il a établi ses principaux ateliers de construction à Evreux même. C'est ainsi qu'il est resté nôtre, et que son industrie nous appartient toujours.

Ces ateliers occupent environ 130 ouvriers et employés. Ils sont actionnés par un moteur à gaz pauvre de la force de 50 chevaux, alimenté par un gazogène installé dans l'usine.

Leur travail consiste dans la construction de moteurs à gaz et à pétrole. Les machines-outils qui l'exécutent sont aménagés de façon à fabriquer les pièces de moteurs et les moteurs eux-mêmes par séries, afin d'abaisser le prix de revient jusqu'à l'extrême limite.

Les moteurs à gaz sont tous horizontaux et comprennent quarante-deux types. Les uns sont à un cylindre, les autres à deux cylindres parallèles ou opposés. Un nouveau type, qui ne date que de cette année 1896, a fait son entrée dans le monde à l'Exposition de Rouen : c'est un moteur à cylindre, à distribution par soupape et à allumage par clapet et tube en porcelaine ou métal.

Ces moteurs à gaz sont applicables à toutes les industries qui ont besoin de force motrice : imprimeries, moulins, industries textiles, travaux des bois ou des métaux, élévation des eaux, actionnement de dynamos pour la production de la lumière électrique, etc.

Les moteurs à pétrole ordinaires de la Société des moteurs Niel, de la force de un cheval et demi à vingt-cinq chevaux, sont employés principalement par l'agriculture, pour l'irrigation des prairies et des vignes.

Les moteurs Niel sont fort recherchés, non seulement en France, mais aussi à l'étranger. On en rencontre à Valence (Espagne), à Beyrouth (Syrie), au Caire (Egypte), à Santiago (Chili). Nous relevons ce détail parce qu'il nous plaît de constater que notre industrie nationale n'a point encore lâché pied partout; que, parmi nos industriels, plus d'un — les meilleurs, à coup sûr — résistent, et ne se laissent point emporter par le mouvement de retraite trop accentué, hélas ! qui progressivement chasse nos produits des marchés étrangers, et les refoule dans l'intérieur de nos frontières.

Toutes les machines qui sortent des ateliers de la Compagnie des moteurs Niel, sont construits avec un soin irréprochable, cela va sans dire. Toutes les machines des constructeurs sérieux ont ce mérite. Mais ce qui nous paraît les recommander particulièrement, c'est une série de petits détails d'une ingéniosité charmante, d'un effet en même temps imperceptible et décisif, qui donnent à leur fonctionnement une régularité mathématique et une précision absolue.

C'est toujours, et en toutes choses, quelque qualité d'une ténuité extrême et d'une finesse exquise qui distingue le parfait de ce qui n'est qu'excellent. On raconte que l'acteur Lekain répétait une tragédie chez Voltaire. A un passage, le poète dit : « Mon Dieu ! Oui. C'est bien ; mais ce n'est pas ça, Lekain ! » Et à toutes les répétitions, malgré les efforts de l'artiste, Voltaire disait : « Ce n'est pas ça, Lekain. » Enfin, à la représentation, quand le fameux passage arrive, le tragédien, par une inspiration spontanée et heureuse, change une note, une tonalité, un rien, si bien que Voltaire, éperdu, se penche hors de sa loge, et crie : « C'est ça, Lekain ! »

Les moteurs Niel se sont toujours présentés avec un succès remarquable aux expositions industrielles. Dans la liste des récompenses qu'ils ont obtenues, nous relevons quelques médailles d'argent, dix médailles d'or, six diplômes d'honneur et la croix de la Légion d'honneur. A l'Exposition de Rouen, le jury des récompenses a décerné à la Société un diplôme d'honneur, et à ses collaborateurs, MM. Brisse et Lecallier, chacun une médaille d'or! Lui aussi a crié : « C'est ça, Lekain! »

ÉLECTRICITÉ ET GAZ

MM. JACQUET FRÈRES, A VERNON

Ce n'est guère que depuis quelques années, après 1889, et à la suite de l'Exposition universelle de Paris, que la maison Jacquet frères, qui s'occupait de mécanique générale, a spécialisé ses ateliers dans la construction des machines et appareils électriques. Ces messieurs ont peut-être pensé qu'en concentrant leur pensée et leur effort sur un seul point, ils auraient chance d'atteindre un plus haut degré de perfection dans leurs ouvrages.

Ils ont d'abord construit deux séries de dynamos à courant continu, les unes génératrices, les autres réceptrices, puis une suite de moteurs, spéciaux à la petite industrie, et propres à l'emploi du courant des stations centrales d'électricité.

Ils ne tardèrent pas à s'apercevoir que leurs machines, aussi bien que celles de leurs confrères, avaient un défaut grave. Tous leurs organes délicats, bobines inductrices, induit, collecteur et balais, étant à nu, se trouvaient exposés à tous les hasards, à tous les heurts, à toutes les intempéries, et ne pouvaient servir que dans des conditions étroitement choisies, et particulièrement favorables.

Elles étaient exclues notamment de tous les chantiers en plein air. Pour faire disparaître cette imperfection,

ces Messieurs ont eu l'idée d'enfermer les organes délicats dans la carcasse magnétique. On a pu voir, à leur
exposition, à Rouen, une pompe centrifuge, accouplée
directement avec un moteur électrique, construite dans
ce système, et qui peut fonctionner dehors, sans abri,
et même sous la pluie. Ils ont construit de la même
manière un moteur destiné à actionner directement des
machines de filature dites « Continues », enveloppé par
sa carcasse magnétique, avec de larges ouvertures,
masquées par des tôles mobiles, qui donnent un accès
facile aux balais.

D'ailleurs, leur esprit inventif et appliqué cherche
partout la petite bête, et, quand il la trouve, il la tue.

Ainsi, ils fabriquent des appareils accessoires d'ins-
tallations d'éclairage. Dans presque tous les cas le moteur de l'usine, qui actionne tout l'outillage des ateliers,
actionne aussi la dynamo. Or ce moteur éprouve, à
chaque instant, des variations de vitesse, suivant les
variations continuelles du travail des ateliers, plus lent
si tous les ateliers travaillent à la fois, plus rapide si
quelques-uns chôment. Les écarts de vitesse, qui vont
parfois jusqu'à 25 p. 100, se font naturellement sentir
sur la dynamo, et par voie de conséquence, sur l'éclairage. La lumière, tantôt obscure, tantôt éclatante, n'a
plus aucune fixité, au grand dommage des ouvriers,
dont ces mobilités fatiguent la vue, et des lampes d'é-
clairage dont elles abrègent la durée. MM. Jacquet
frères, pour obvier à cet inconvénient, ont adapté à
leur dynamo un régulateur qui agit directement sur son
excitation, en sens inverse des vitesses du moteur, les
annule en les compensant, et évite ainsi toute variation
dans l'éclairage.

Ce n'était pas bien difficile; il n'était que de le trouver. Il y a, comme cela, en mécanique, et même en toutes choses, des solutions qu'on va chercher bien loin, qu'on n'y trouve pas, et qui étaient sous la main. Lorsque quelqu'un les a trouvés, chacun se récrie, et dit que c'était facile. Facile, soit. En attendant, personne n'y avait songé. Il n'y a que les malins qui finissent par trouver les lunettes qu'ils ont sur le nez.

Ces explications et ces détails font voir quel soin MM. Jacquet frères apportent à la conception de leurs machines, et quel soin aussi ils doivent apporter à leur exécution. Ils ont une cinquantaine d'ouvriers, triés sur le volet, parfaitement entraînés, qui constituent une équipe d'élite, et dont les ouvrages auraient mérité depuis bien longtemps les honneurs des expositions. Ils ne les avaient pourtant pas encore obtenus, et MM. Jacquet ne s'étaient encore jamais présentés à aucune. Celle de Rouen est la première.

Le jury des récompenses a fait à ces nouveaux venus un accueil des plus flatteurs et des plus empressés, en accordant à MM. Jacquet frère une médaille d'or.

CARROSSERIE

M. LEFRÈRE, A MENILLES

M. Lefrère, de Menilles, fabrique des bois cintrés en tous genres et pour tous les usages imaginables. Sous son habile main, les bois les plus réfractaires et les plus fragiles prennent indifféremment et docilement toutes les formes, et se plient à toutes les exigences. Ils ont un emploi tout indiqué dans la carrosserie.

M. Lefrère ne parait pas grandement soucieux de la publicité. Fidèle au précepte du sage qui dit : « Cache ta vie », il est allé discrètement installer son industrie à Menilles, un petit pays qui ne fait pas beaucoup de bruit ni dans l'histoire ni dans la géographie. Il n'a pas dédaigné cependant d'envoyer ses produits à l'Exposition de Rouen, et ils lui ont mérité une médaille d'or, dont le métal doit briller d'un bien vif éclat dans la nuit dont il s'enveloppe.

AGRICULTURE

M. BALLON, A VERNON

M. Ballon est fabricant d'engrais chimiques.

Ces produits sont d'un usage encore peu ancien dans l'agriculture. Comme toutes les nouveautés, ils ont eu quelque peine à entrer dans les mœurs des cultivateurs. Le vieux fumier de ferme était depuis si longtemps en possession de la faveur des campagnes, et il y avait d'ailleurs tant de droits, que les cultivateurs ne voulaient pas entendre parler d'autre chose. Il a fallu que les savants prissent parti. Encore leur intervention ne fut-elle pas du premier coup décisive. Nos agriculteurs se méfiaient même des savants, théoriciens fort habiles, selon eux, très éloquents, rendant de tout un compte exact, mais ne possédant pas comme eux l'enseignement quotidien et terre à terre du sillon natal. Des beaux messieurs à mains si blanches, disaient-ils, ne peuvent pas savoir comme nous ce qu'il faut à nos champs, et c'est du fumier qu'il leur faut. Ils ne sortaient pas de là. Les beaux messieurs à mains si blanches ont pourtant fait voir qu'ils s'y connaissaient. Ils ont fait pousser dans la plaine des récoltes comme jamais les paysans n'en avaient vu. Des fermes modèles, scientifiquement conduites, ayant les moyens financiers de tenter des expériences ont fait, en grand, des cultures au moyen d'engrais chimiques, et ont obtenu des résultats admirables. Devant un pareil spectacle, les paysans ébahis se sont rendus, et aujourd'hui les engrais industriels ont définitivement pris possession de la campagne. Le fumier de ferme n'est pas pour cela dédaigné, mais les engrais chimiques multiplient son action et apportent à l'agriculture des suppléments de rendement considérables.

L'emploi des engrais artificiels ne doit pas se faire sans discernement. Et d'abord, l'industrie qui les fabrique a commencé par n'être pas très délicate. Exercée par des premiers venus que ne gênait pas le scrupule, elle a jeté parfois dans la circulation des poussières insignifiantes et sans vertu, qui n'ont pas peu contribué à discréditer le produit nouveau, et à retarder son triomphe. Les stations agronomiques ont si bien combattu la fraude, qu'elle est sensiblement diminuée, et que l'industrie des engrais est devenue aussi honnête que les autres.

L'acheteur, outre qu'il doit vérifier sa marchandise, doit aussi savoir quelle marchandise il lui faut. Les terres stériles ou maigres ne doivent pas toutes leur stérilité aux mêmes causes. Les unes, par exemple, man-

quent do phosphore, les autres manquent d'azote. Il est
bien clair qu'il faudra donner à chacune, au moyen
d'engrais appropriés, les principes dont elles sont dénuées.
Les stations agronomiques sont là encore pour guider
les cultivateurs, pour analyser leurs terres, et pour leur
indiquer de quels engrais elles ont besoin.

Ceux-ci ont donc toute sécurité aujourd'hui en ache-
tant des engrais chimiques, et toute facilité pour en faire
un judicieux emploi. L'argent qu'ils placent là est celui
qu'ils placent le mieux. Ils le retrouvent au double dans
l'épi.

MM. GILBERT ET FILS, A SAINTE-GENEVIÈVE. PRÈS VERNON

Ont aussi envoyé des échantillons d'engrais, surtout
des engrais d'os *gras*. Ils avaient ajouté à leur envoi des
tourteaux et des drèches.

Leur maison a été fondée en 1887, pour la fabrication
de tous les engrais indistinctement, nitrates, sulfates,
phosphates, superphosphates, chlorures, selon le besoin
et la demande de la clientèle, et avec les dosages qu'elle
indiquait. Mais elle s'est fait, dans son industrie, une
place à part et privilégiée par la fabrication d'un superphosphate d'os *gras*. Ce produit, fabriqué avec des os
dégélatinés, a tout de suite obtenu un grand succès,
les expériences auxquelles il a donné lieu ayant amené
des résultats sensiblement supérieurs à tous autres.
Ainsi, on a ensemencé d'avoine deux parcelles de terre
contiguës, dans l'une desquelles on avait préalablement
répandu du nitrate de soude mélangé aux scories, et
dans l'autre du superphosphate d'os gras. Dans la pre-

7

mière on a récolté, à l'hectare, 4,127 kilogrammes de paille et 2,167 kilogrammes de grain; dans l'autre 4,863 kilogrammes de paille et 2.389 kilogrammes de grain.

On reproche à cet engrais d'être cher. Est-ce bien exact et bien mérité? C'est vrai que son prix est élevé; mais il faut tenir compte des 2 p. 100 d'azote qu'il contient, que les autres superphosphates ne contiennent pas, et qu'il est juste que l'acheteur paie. Au surplus, la question n'est pas là. L'excédent du rendement obtenu par le superphosphate d'os non dégélatinés couvre-t-il, oui ou non, l'excédent de dépense que son achat entraîne? Les expériences répondent qu'il le couvre au double. Là-dessus, que chacun table.

Quelques agriculteurs ont pensé qu'en ajoutant de l'azote au superphosphate minéral par l'addition de sulfate d'ammoniaque ou de nitrate, ils obtiendraient à meilleur marché un engrais en tout semblable au superphosphate d'os non dégélatinés. Eh bien! l'expérience a été faite, et l'engrais organique a toujours produit des rendements supérieurs.

La supériorité des superphosphates d'os non dégélatinés semble aujourd'hui incontestée, si l'on en juge par les quantités qui s'en vendent. D'abord la maison Gilbert et fils en jette annuellement dans la circulation environ 2.000 tonnes, à elle toute seule. Et, en outre, beaucoup de maisons d'engrais, qui n'en faisaient pas jadis, ont suivi son exemple et se sont mises à en faire.

La maison Gilbert et fils peut donc se targuer au moins d'avoir rendu à l'agriculture un véritable service, en fabriquant la première un engrais reconnu préférable aux autres. Et ce n'est pas un bienfait à dédaigner. Aussi bien, il n'est pas de mince bienfait pour les malheureux.

Notre malheureuse agriculture française est engagée aujourd'hui, et depuis si longtemps, dans de si douloureuses épreuves, que tous ceux qui, sous une forme ou sous une autre, viennent à son secours, doivent être les bienvenus.

MM. Gilbert et fils font aussi le commerce de tourteaux et drèches pour l'alimentation et l'engraissement du bétail. Cette fabrication chez eux ne présente aucune particularité, et ne provoque aucune considération.

M. GODALIER, A ROUTOT

M. Godalier fabrique du mastic à greffer, qui offre une particularité ingénieuse. Pour obtenir une plasticité convenable, M. Godalier se servait de la poix. Mais cette poix, sous l'action du grand soleil et de la grande chaleur, se liquéfiait, coulait toute, et laissait la greffe à nu. Pour obvier à cet inconvénient, il y ajoute de la cire d'abeilles, qui résiste plus à la chaleur, et qui donne au mastic une tenue et une consistance dont il avait besoin. Cette addition élève un peu le prix, mais au moins on a quelque chose, tandis qu'avec le produit ordinaire on n'a rien, ou tout au moins on court le risque de ne rien avoir.

M. Godalier fabrique aussi de la graisse pour chaussures. Cette graisse composée de plusieurs corps gras mélangés en des proportions de lui connues, s'adresse surtout aux cultivateurs et aux chasseurs. Elle restitue leur souplesse aux chaussures mouillées, et les rend en même temps imperméables pour l'avenir. Elle ne nuit en rien à l'action du cirage et à son éclat. Enfin —

notez ce dernier point — elle n'a absolument aucune odeur. M. Godalier dit que sa graisse pour chaussures est de plus en plus appréciée, à mesure qu'elle est plus connue. Cela n'a rien de surprenant, étant donnés tous les mérites que nous venons d'énumérer.

M. Godalier avait déjà une fois exposé des échantillons de ses produits au concours agricole de Beuzeville, en 1893, et il y avait obtenu une mention honorable; à l'Exposition de Rouen, ils lui ont mérité une médaille de bronze.

M. GODARD, A BERNIENVILLE

M. Godard a envoyé à l'Exposition de Rouen de la cire et du miel; il est apiculteur. C'est une industrie qui a de la grâce, et tout un côté qu'on poétise; mais elle a aussi ses proses, ses contrariétés et ses déboires. — Le personnel employé à la fabrication, pour n'être pas celui de tout le monde, n'en a pas moins ses exigences, ses caprices et ses colères, et le patron n'est pas moins tenu qu'ailleurs à se faire bien venir. Il faut dire, d'autre part, que les ateliers sont très laborieux et très assidus, et qu'ils ne demandent jamais de réduction sur les heures de travail. Avec cela, une tempérance !... Et des mœurs !... Irréprochables. Oh ! bien des vertus, en somme, si on compare.

Quoique le travail qui se fait dans les ruches semble à peu près automatique, il y a pourtant un art et un métier qu'il faut savoir. Il faut connaître les mœurs des abeilles. Il faut en outre être en état de prendre les précautions et les soins convenables, soit pour augmen-

ter sa récolte, soit pour éviter ou prévenir des dé-
sastres.

L'abeille n'est pas précisément difficile sur son logement; mais encore faut-il qu'on le lui prépare de façon
qu'il lui plaise. Elle demande surtout et avant tout qu'il
soit sec et chaud. Quant à l'aménagement intérieur, elle
n'y regarde guère, et l'on peut consulter là-dessus moins
ses goûts que la commodité et la facilité du travail de
la récolte.

Cette opération de la récolte se faisait autrefois, et
se fait même encore quelquefois aujourd'hui, si nous
ne nous trompons, *à l'étouffage*. On emplissait tout
simplement la ruche de vapeur de soufre. C'était horrible. C'était joindre l'assassinat au cambriolage. Les
ruches à calotte et à hausses permettent maintenant de
procéder à ce travail d'une façon moins barbare. La
ruche à *hausses* et à *cadres mobiles* semble être actuel-
lement la plus perfectionnée. Elle supprime l'essaimage
naturel, et facilite l'essaimage artificiel. Elle permet de
visiter fréquemment l'intérieur et de combattre la *fausse
teigne*. Elle rend la récolte commode et rapide. Enfin,
rien de plus aisé, avec elle, que de rajeunir constamment la cire au moyen de la transposition des hausses.

Quel peut bien être la valeur du travail des abeilles?
Chacune peut faire en moyenne six voyages par jour, et
rapporter à chaque voyage 3 centigrammes de miel.
Elles ne travaillent que l'été, quand il fait chaud et qu'il
y a des fleurs. Eh bien! on a calculé qu'en 1874 toutes
les abeilles de France avaient produit du miel pour
25 millions de francs, A vingt sous le kilo!

Ces intéressantes bêtes ne sont pas à l'abri des misères
d'ici-bas. Elles sont sujettes à diverses maladies dont la

plus terrible est la *loque* ou pourriture, qui en fait
d'épouvantables destructions. Elles ont, en outre, de
nombreux ennemis. D'abord, le plus redoutable, l'homme.
Généralement, tous les animaux de la création ont leurs
ennemis, et l'homme figure invariablement en tête de
toutes les listes. Les abeilles ont donc l'homme. Après
lui, elles ont le frelon, la guêpe, le philante apivore, le
papillon à tête de mort, les mulots, hérissons, blaireaux,
les mésanges, les hirondelles, les lézards, les crapauds,
etc. Voilà bien du monde acharné après elles, les pauvres ! Elles ne survivent et ne résistent à tant d'attaques
que grâce à leur fécondité qui est prodigieuse. Ainsi l'a
voulu la nature. Savez-vous qu'elle n'est pas bonne, la
nature : bonne dans le sens où nous l'entendons cou-
ramment. Elle crée les uns uniquement en vue de les
faire dévorer par les autres, sans se soucier du mauvais
quart d'heure que devront passer les victimes. Ce que
les destructions qu'elle organise préparent et contiennent
d'angoisses et de douleurs, c'est épouvantable. Dans
l'ordre qu'elle a établi il n'y a pas ombre de droit; il n'y
a que de la force, de la force brutale et meurtrière. Non,
elle n'est pas bonne, la nature !

M. FRÉRET, A PITRE

M. Fréret exploite une manufacture de pieux et de
poteaux, avec béton de ciment comprimé, pour clôtures,
ronces et grillages. Ces clôtures sont propres à enfermer
des terrains quelconques, jardins, herbages, chasses,
basses-cours pour empêcher soit les bêtes d'en sortir,
soit les gens d'y entrer ; et elles constituent dans un

sens et dans l'autre un très sérieux obstacle. Ces fils de
fer à ronces, surtout, sont étonnants; on n'imaginerait
jamais, si on ne le voyait, que ce puisse être d'une
défense aussi rude.

Nous n'avons rien à dire des poteaux avec plaque
verticale en fer, et des clôtures ronces et grillages, sinon
que la maison Fréret les fabrique bien, et qu'elle y
apporte autant de soin que toutes les maisons qui sont
recommandables comme elle. Mais ce que nous devons
signaler aux clients, c'est le *clou* de la fabrication de
cette maison, et de son exposition, ce sont ses poteaux
à béton comprimé. Il n'y a guère que deux ans qu'elle
les fabrique, et, si nous ne nous trompons, dans toute
la région du nord-ouest de la France, elle est seule à
les fabriquer. La clientèle environnante n'aura qu'à
s'en louer, car ils sont d'une solidité à toute épreuve, et
d'un prix nécessairement bien plus modéré que si l'on
devait les faire venir de loin.

M. Fréret avait déjà obtenu une médaille de bronze,
en 1895, au concours départemental de l'Eure. A l'Exposition de Rouen de cette année il a remporté une
médaille d'argent.

M. FILOQUE PÈRE, A BOURGTHEROULDE

Voici un travailleur qui a le diable au corps. Toute
sa vie s'est passée dans les ateliers. A l'âge où l'on est
encore enfant, après avoir reçu rapidement, dans les
écoles, une instruction des plus élémentaires, il s'as-
socia aux travaux mécaniques de son père. Il se jeta

sur les outils, et quand il les eut en main, il ne les quitta plus.

En ce temps-là, les machines à tisser venaient de recevoir du génie de Jacquard des organes tout nouveaux. Les premiers métiers étaient loin encore de la perfection qu'ils ont atteinte depuis. L'esprit inventif de M. Filoque apporta à ceux que construisait son père sa part, et une part non petite, de perfectionnements. — Puis il conçut et exécuta un moulin à bras, fort ingénieux. Enfin, et comme si ses précédents travaux n'étaient que des tâtonnements, il sembla avoir trouvé sa voie en se tournant vers la fabrication des machines agricoles.

On commençait alors, — c'était vers 1856 — à répandre dans le public les machines à battre. C'étaient des machines à manège. Il en construisit qui se firent remarquer alors pour la correction et la rapidité de leur travail.

A ce moment aussi la vapeur pénétrait dans toutes les usines, et était appliquée, comme force motrice, à toutes les machines. M. Filoque, toujours en éveil et à l'affût des nouveautés, fut des premiers à s'emparer de cette force motrice. Il l'introduisit dans ses ateliers, dont il bouleversa tout le vieil outillage, et il l'appliqua du même coup à ses machines à battre.

Ses heureux travaux ont eu la bonne fortune de n'être point méconnus. Dans tous les concours et expositions où ils se sont présentés, ils ont remporté un grand nombre de médailles d'argent et d'or. Ces récompenses officielles ne sont pas les seules qu'ils aient obtenues. La clientèle s'est jointe aux jurys, et lui a témoigné son approbation par l'abondance de ses commandes. Les ateliers jadis modestes emploient aujourd'hui une tren-

taine d'ouvriers exclusivement occupés à la fabrication. En outre de ce personnel, M. Filoque a soixante
ouvriers attachés à la manœuvre de vingt locomobiles
et batteuses, et de trois batteuses de petites graines.

A cette industrie du battage, M. Filoque a ajouté celle
de la mouture des orges, seigles, pois, sarrasins, pour
la nourriture des bestiaux, et celle encore du sciage
mécanique. Il a établi deux moulins pour cette mouture
en deux endroits différents, afin d'augmenter ses points
de contact avec la clientèle agricole, et il a fabriqué
deux scies circulaires avec locomobiles montées sur chariot, qu'il promène chez les charpentiers et propriétaires
pour le débitage des bois.

M. Filoque a envoyé à l'Exposition de Rouen une
locomobile de cinq à six chevaux et une machine à
battre. La chaudière de la locomobile a 9m,50 de surface de chauffe. Un réchauffeur y est adapté, au moyen
duquel l'eau introduite dans la chaudière est déjà por-
tée à 70 degrés. Le clapet de sûreté pour prévenir les
explosions, le régulateur pour assurer la marche uniforme, la glissière pour rendre le nettoyage des plus
faciles, tout y est prévu pour en faire un outil docile, sûr
et aussi peu coûteux que possible.

La batteuse a une largeur de 1m,72, et peut recevoir
les pailles les plus longues. Tous ses organes sont établis en vue de la solidité de l'appareil et de la perfection de l'ouvrage. C'est ainsi que les tables sont en
deux parties, et sont plus solides, étant moins longues,
que la grille du ventilateur est disposée de façon à ne
pas laisser passer les têtes de coquelicot ; que le vannage
des grains est répété deux fois, etc. Mais c'est sur les
machines elles-mêmes qu'il faut voir tous ces détails

pour se rendre compte de toutes les minuties dans lesquelles le constructeur est entré pour leur assurer la solidité et l'adresse.

M. Filoque père a remporté à l'Exposition de Rouen sa victoire accoutumée. Le jury des récompenses lui a accordé une médaille d'or.

M. MONTANDON, A VERNON

C'est également une médaille d'or qu'il a octroyée à M. Montandon.

Cet industriel, si recommandable et si méritant, est, lui aussi, un grand collectionneur de médailles et un grand ami des jurys des récompenses.

Son usine fabrique les machines, les instruments, les outils les plus variés, surtout pour l'usage de l'agriculture, machines à battre, concasseurs, pressoirs, moulins à pommes, tarares, trieurs, hache-paille, faucheuses, etc. Ses ateliers sont montés pour fabriquer de soixante à soixante-dix appareils de battage par an, et de huit cents à mille instruments divers.

Nous ne fatiguerons pas le lecteur à parler de tous les objets divers qui peuvent en sortir. La simple énumération, à elle toute seule, en serait longue. Nous appelons seulement l'attention sur les machines à battre et sur les concasseurs.

La machine à battre de M. Montandon a été baptisée par lui : « la Vernonnaise ». Elle est à vapeur ou à manège. Elle a toujours eu la prétention de réaliser une économie de 30 francs par jour, comparativement aux autres machines. Les autres machines sans doute n'en conviennent pas. Les cultivateurs qui s'en sont servis savent bien à quoi s'en tenir, et ce qu'il en faut penser.

M. Montandon avait négligé, pendant de longues années, la fabrication des machines à battre à plan incliné, pensant que ce système ne durerait pas et serait bientôt abandonné. Mais, quand il a vu qu'il ne l'était pas ; qu'au contraire, il persistait dans la pratique du battage mécanique, il ne s'est pas entêté, et il s'est mis à fabriquer des machines à plan incliné. Sa batteuse à plan incliné, il l'appelle « la Vernonnaise nouvelle ».

Cette Vernonnaise nouvelle n'a de nouveau que la fabrication dans ses ateliers, à laquelle M. Montandon s'est nouvellement résigné, car son travail est le même que celui de la machine mue par manège ou par la vapeur. Elle n'en diffère que par son moteur. Son moteur, tout le monde le connaît ; c'est un cheval qu'on introduit dans une stalle dont le plancher, en plan incliné, est une chaîne mobile qui fuit sous son pas, et détermine un mouvement de rotation par lequel est actionné tout l'appareil.

Le concasseur de M. Montandon, c'est, comme il l'appelle, l'outil universel ; c'est un moulin à pommes, un aplatisseur, un hache-paille, un brise-tourteau, etc., c'est le chapeau de Fortunatus. Ces changements s'opèrent par la substitution d'un système de noix plus ou moins dentées, ou de cylindres plus ou moins profondément cannelés.

M. Montandon présente volontiers ses machines aux Expositions et concours, dont il rapporte toujours quelques récompenses. Il en a plus de cent, si l'on compte bien. Il faut y ajouter la médaille d'or que vient de lui décerner le jury de Rouen.

LA SOCIÉTÉ LIBRE D'AGRICULTURE DE L'EURE
SECTION DE BERNAY

La section de Bernay de la Société d'agriculture de l'Eure avait à Rouen une exposition bien particulièrement remarquable, tant par la qualité que par le nombre des objets exposés.

Cette section de Bernay est vraiment admirable et privilégiée. Elle compte dans son sein des hommes tels qu'il n'en est point de plus distingués dans les autres sections, de plus érudits, de plus laborieux, de plus dévoués aux intérêts agricoles et aux lettres, MM. Join-Lambert, Boivin-Champeaux, le chanoine Porée, Malbranche, Cauchepin, l'abbé Dubois, d'autres encore, que nous n'oublions pas, mais que nous passons sous silence, parce qu'ils sont légion, enfin M. le duc de Broglie, que nous nommons le dernier pour terminer notre nomenclature par un éclat.

De tels collaborateurs ne pouvaient manquer d'illustrer ses travaux.

L'emplacement considérable qu'elle avait envahi à l'Exposition de Rouen suffisait à peine à contenir les objets qu'elle avait eu à y envoyer. Mais un heureux agencement avait su tirer parti de la place concédée et éviter l'entassement. Grâce à un arrangement méthodique, qui en même temps n'était pas sans agrément, le visiteur pouvait facilement passer en revue les diverses catégories d'objets qui étaient offertes à ses regards.

C'était d'abord des échantillons de produits agricoles, lin, blé, avoine, etc., en gerbes et en sac. Dans les sacs, le grain sans doute était magnifique, mais dans les gerbes il était plus beau encore. Ces épis énormes et sains, qui émergeaient tout gonflés de grains, étaient admirables. Le grain sous cette forme avait toute sa mise en scène, toute sa parure et toute sa richesse abondante et grasse. C'était superbe.

Plus loin, c'étaient des tourteaux et des matières premières pour engrais. — Plus loin, c'était un parc de modèles réduits de déchaumeuse et d'arracheuse de betteraves. Si l'agriculture a fini par accepter les machines pour exécuter les travaux des champs, les efforts des hommes instruits et dévoués n'y ont pas médiocrement aidé. Pour entraîner son humeur un peu routinière, il n'a fallu rien moins que les prédications passionnées des agriculteurs clairvoyants, et aussi l'habileté prodigieuse des constructeurs de machines agricoles, qui ont presque tout de suite construit des machines excellentes, dont le travail était merveilleux, et qui sont ainsi venus à point pour appuyer les théories par les démonstrations les plus surprenantes. Ce sont les hommes comme ceux qui composent la section de Bernay qui donnent toujours ces branles, et qui hâtent la marche du progrès.

Voici maintenant des pièces d'orfèvrerie, des vases, des plateaux ciselés. C'est le *Trésor de Berthouville*. Plus exactement, c'en est le fac-similé et la reproduction. Le vrai trésor de Berthouville, les pièces originales, sont à Paris, à la Bibliothèque nationale. Il a été découvert à Berthouville, dans l'arondissement de Bernay, à la suite de fouilles qui l'ont mis à nu, en même temps

que des ruines de murailles, des substructions, que des
inscriptions relevées sur des pierres disent avoir appar-
tenu à un temple de Mercure. Ces fouilles, commencées
en 1830, puis abandonnées, reprises plus tard et abandonnées encore, sont aujourd'hui reprises de nouveau,
et confiées par le Gouvernement aux mains érudites et
expérimentées du Père de la Croix. On peut dire que
ces travaux ont été mis en train, poursuivis, organisés
par les études, les soins, les démarches sans nombre de
notre excellent conseiller général, M. Join-Lambert.
C'est lui qui dans des brochures documentées a fait
connaître et vulgarisé les fouilles déjà faites, et celles
qui restaient à faire. C'est lui qui y a intéressé le public.
C'est lui enfin qui a obtenu du Gouvernement une com-
mission pour le Père de la Croix, et des fonds pour
subvenir, au moins en partie, aux travaux à exécuter.
Ah! quand ces travaux seront terminés, il pourra se
rendre le témoignage que sa pioche n'a pas été celle
qui a fait le moins d'ouvrage.

Ceci, c'est la collection des bustes, médaillons, photographies, plaques commémoratives consacrés par la
section de Bernay à la mémoire des hommes qui ont
honoré le pays par leurs œuvres, et qui ont bien
mérité de lui par leurs bienfaits.

Enfin voici toute une bibliothèque, un étalage de
libraire achalandé. Ce sont les œuvres des membres de
la section, œuvres de toutes sortes, d'une étendue ency-
clopédique, œuvres littéraires, historiques, scientifiques,
archéologiques, agricoles, financières, économiques.

Ces volumes-ci, ce sont les derniers ouvrages de M. le
duc de Broglie : *le Secret du Roi*; *Frédéric II et Marie-
Thérèse*; *la Mission de M. de Gontaut-Biron à Berlin*.

Ceux-là sont de M. Join-Lambert : *Un Vicomte de Brionne ; Un Concordat au XII° siècle ; Le Mariage de Mme Roland*, et une série de rapports sur des sujets agricoles et de travaux archéologiques sur le Bec-Hellouin, Brionne et la Rivière-Thibouville.

Ces autres sont de M. Boivin-Champeaux : *Guillaume Cliton, duc de Normandie ; Liberge de Grandchain ;* une notice historique sur la *Révolution dans le département de l'Eure.*

Ces autres encore sont de M. le chanoine Porée : *le Trésor de l'Abbaye de Saint-Nicolas, à Verneuil ; le Nécrologe de l'Abbaye de Saint-Taurin, à Evreux ; l'Abbaye du Bec et son église ; la Sépulture des évêques d'Evreux.*

En voici qui portent la signature de M. Lambert : *Alexandre de Bernay, poète du XII° siècle ; les Prussiens à Bernay ; la Seigneurie de Courbépine et la Marquise de Prie.*

En voilà qui portent celle de M. Christophe Allard : *Une Promenade au Canada ; la France au Canada ; Noëls normands.*

Sous le nom de M. Malbranche, nous trouvons : *Languet de Gergy ; l'Abbaye du Bec ; Un Procès de Chasse au XVIII° siècle.*

Sous celui de M. Louis Regnier : *Une Excursion dans la vallée de la Charentonne ; la Bibliographie historique du département de l'Eure ; les Œuvres d'art des églises du canton de Beaumesnil.*

M. Philippe Lalonde nous donne : *le Crédit agricole et la loi du 19 février 1889.*

Et MM. Piéton et Lecointe, en collaboration : un *Manuel élémentaire d'agriculture et d'horticulture pour le département de l'Eure.*

M. Duchemin : une brochure sur *le Commerce de l'eau-de-vie de cidre au xviiie siècle.*

Et M. de la Chenelière : une *Géographie; Ruines romaines; Des Peines en matières correctionnelle et criminelle; Trésors archéologiques de l'Armorique occidentale; Monuments mégalithiques.*

Enfin, ces derniers ouvrages sont :

De M. le colonel Goujon : l'*Histoire de Bernay et de son canton.*

De M. Eugène Niel : un catalogue des plantes rares de l'arrondissement de Bernay en 1864; un catalogue des plantes phanérogames, vasculaires et cryptogames du département de l'Eure.

De M. l'abbé Dubois : une *Notice sur l'abbé Réguis, curé de Notre-Dame-du-Hamel.*

Telles sont les œuvres que la section de Bernay avait exposées à Rouen, œuvres qui témoignent de l'activité de ses membres, en même temps que de la distinction de leur esprit et de l'élévation de leurs pensées.

Le jury des récompenses avait déjà décerné une médaille d'or à la section de Bernay dans la classe de l'enseignement supérieur. Il lui en a décerné une seconde pour son exposition relative à l'agriculture.

M. CAUCHEPIN

Un des membres les plus laborieux et les plus chercheurs de la section de Bernay, M. Cauchepin, avait présenté, parmi les objets exposés par elle, un plan de laiterie modèle. Le jury des récompenses lui a accordé personnellement, pour ce plan, une médaille d'argent.

CONSTRUCTIONS NAVALES

M. BOSQUET, A FIQUEFLEUR-ÉQUAINVILLE

M. Bosquet, de Fiquefleur, fabrique des objets pour navires. Il avait envoyé à l'Exposition de Rouen des échantillons de ses fabrications.

Rien peut-être ne donne mieux l'idée des perfectionnements que l'homme peut apporter à ses conceptions, que de comparer le tronc d'arbre évidé sur lequel s'embarque le sauvage, à un transatlantique ou à un cuirassé. Ce qui est bien curieux aussi, c'est de songer à la succession des progrès qu'a faits la navigation. Pour ne parler que de ses modes de locomotion, son premier outil fut la rame. La voile vint ensuite et constitua un progrès immense. Enfin la navigation à vapeur a marqué la dernière étape, le dernier perfectionnement, et de nos jours on en est là. On ne s'y tiendra pas, croyez-le bien, et la navigation n'a pas dit son dernier mot. Rien, d'ailleurs, n'a dit son dernier mot.

Remarquez que dans cet art, moins que dans tout autre peut-être, les perfectionnements accomplis n'ont fait disparaître les anciennes méthodes. Ainsi la rame n'a pas disparu devant la voile et la voile tient bon devant la vapeur. C'est que, de tous les modes de navigation, il n'y en a pas un qui soit parfait et qui satisfasse à tous les *desiderata*. La rame est un instrument primitif, et qui servirait mal nos impatiences et notre besoin de vitesse. Mais la voile n'est plus rien, quand il n'y a plus

8

de vent, et la vapeur n'est plus rien quand il n'y a plus
de charbon. La vapeur, force motrice des navires, offre
le triple inconvénient de coûter cher, d'être subordonnée
à sa provision de charbon, et d'occuper à bord une place
énorme. Il faudrait un mode de transport qui ne fût ni
dispendieux, ni limité, ni encombrant. Soyez tranquilles,
l'homme le trouvera. En attendant, et pour peu que
nous rêvions avec quelque philosophie aux immenses
progrès accomplis, nous pouvons nous faire une idée,
en même temps folle et exacte, de ceux qui s'accompli-
ront encore, et considérer nos cuirassés comme des
constructions rudimentaires.

Mais toutes ces rêveries nous ont emporté à la dérive
bien loin de M. Bosquet qui travaille consciencieusement à fabriquer tous les engins dont les navires ont
besoin, cercles de mâts, cabillots, barres d'anspects, etc.
Nous insistons sur le mot consciencieusement, car ici
la conscience et la bonne foi sont plus indispensables
encore qu'ailleurs, puisque la vie des marins en dépend.
Toute mauvaise qualité dans les matières employées,
toute malfaçon dans l'ouvrage seraient des impiétés qui
équivaudraient à des meurtres.

Les objets qui ont été envoyés par M. Bosquet étaient,
comme tous ceux, d'ailleurs, de sa fabrication courante,
au-dessus de tout soupçon et à l'abri de toute critique,
et le jury des récompenses lui a accordé une mention
honorable.

TABLE DES MATIÈRES

ÉVREUX. IMPRIMERIE DE CH. HÉRISSEY.

www.ingramcontent.com/pod-product-compliance
Lightning Source LLC
Chambersburg PA
CBHW071211200326
41519CB00018B/5472